これからの時代のリーダー論

今、なぜ部下は
あなたに心を
開かないのか？

山川博史

The new
leader's theory
of a future time

Hiroshi
Yamakawa

あなたも、うすうす気付いているかもしれないこと。

結論から言うと、あなたはリーダーについて、少し勘違いをしているのかもしれない。

あなたは数ヶ月前にリーダーになったと仮定する。
それは、突然のことだったかもしれないし、順当な流れだったかもしれない。
あなたは必死でチームをまとめようと頑張った。
しかし、思うような結果を得られずに、迷いの中にいる。
気持ちの中は、次のような思いでいっぱいのはずだ。

□なんで、部下（スタッフ）達は、言ったことを守ってくれないんだろう？
□なんで、部下（スタッフ）達は、好き勝手なことをするんだろう？
□なんで、部下（スタッフ）達は、常識を知らないんだろう？

□なんで、部下（スタッフ）達は、少し考えればわかるような問題を僕にいちいち聞くんだろう？

□なんで、部下（スタッフ）達は、自由にやって欲しいときには縮こまり、常識的にやって欲しいときに限って、自由奔放なんだろう？

□なんで、部下（スタッフ）達は、リーダーである僕の気持ちを少しも考えてくれないんだろう？

□なんで、部下（スタッフ）達は、わかりました！と言ったすぐ後に、まったくわかっていないことをするんだろう？

□なんで、部下（スタッフ）達は、仲間同士で余計な問題を引き起こして僕に尻拭いをさせようとするんだろう？

□なんで、部下（スタッフ）達は、簡単にやめると言い出すんだろう？

□なんで、部下（スタッフ）達は、モチベーションが上がらないのは僕のせいと言わんばかりの態度で、仕事をするんだろう？

□なんで、部下（スタッフ）達は、僕の仕事の邪魔をしようとするんだろう。僕の時間を使っているという意識はあるんだろうか？

□なんで、部下（スタッフ）達は、自分のやりたいことだけをやって、それ以外のことは「苦手なんで……」の一言で免れることができると思うんだろう？
□なんで、部下（スタッフ）達は、僕が出した良いアイデアをすぐに実行に移さないんだろう？（それについて問いただしても、返ってくるのは薄ら笑いだけだ）
□なんで、部下（スタッフ）達は、プロジェクトの達成よりも、自分の評価のことを気にするのか？（プロジェクトが達成したら、評価も上がるはずなのに、それをわかろうともしない）
□なんで、部下（スタッフ）達は、指示を出した時、返事をしてくれるだけでもいいのに、それすらサボりたがるんだろう？

チームを率いていくというのは、とても大変なことだ。

チームは人数の多い少ないに関わらず、チームを組んで仕事をする場合は、常に問題が起こる可能性をはらんでいる。

チームでの仕事とは、**常識が違う人間同士が集まり、ひとつのプロジェクトを遂行**

するために、気を使いながら肩を並べ、ルールをいくつも作り、力を合わせるための仕組みを作らなければ、効果が出ないデリケートなものだ。

だから、先ほど挙げたあなたの心の中にだけある叫びは、誰にも言えないだろう。しかし、これだけは忘れないで欲しい。決してあなたのチームのメンバーが特別わがままで身勝手な劣等生の集まりというわけではない。ここに書いた事柄は、ごくごく**普通のこと**なのだ。

最初に話を戻そう。

あなたが心の中で思い描くチームのリーダーシップとはなんだろう？

チーム全員を叱咤激励してモチベーションを上げさせる能力？

チーム全員を引っ張って、プロジェクトを成功させる能力？

そんな能力は、この本を読んでも身に付かないから、即行この本を閉じて、今すぐ自己啓発本のコーナーに移って欲しい。

実際、人間はいつもハイテンションでいることは難しいし（なかにはそんな人間もいるが、この本は初めからそんな人間を想定して書かれていない）、あなたがやり慣れていないやり方を試してみたところで、効果はもって3日だろう。

あなたが恥を忍んで、今までのリーダー論を読んで実践したこと、いわゆる

・皆の冷めた態度にも負けず
・大きな声を出して、ほがらかに笑い
・口癖は「やってやろうぜ」
・間違ったことをやった部下（スタッフ）がいたら適切なやり方で叱りに行き
・どんな相談にも親身になってやり
・あらゆることに自分よりもチームを優先した

右に書いたことを実行したあなたは偉いが、しかし、ここだけの話、寒かったと思う。
正直、似合わない人間がそれをやっていたら、きっとあなただって、ツッコミのひ

とつも入れたくなるだろう。しかし、リーダーにツッコミを入れてくれるくらい気が利いて、なおかつ優しい心を持った部下は数えるほどしかいない。

きっとあなたは、自分が寒いことに**うすうす気付いていた**から、長い間、自問自答の夜を過ごしてきたことだろう。

この本を手に取ったあなたは、もう一度、自分のチームのことを振り返って欲しい。きっといろんな人間がいるだろう。中には一筋縄ではいかない人間もいる。そして、通りいっぺんのやり方を試したとしても、必ずしも全員に響くとは限らないことはわかるだろう。

この本にはソフトマネージメントと言われる**これからのリーダーが取るべき行動**をわかりやすく書いた。いわゆる「俺についてこい！」ということが通用しない時代に、リーダーになってしまった人に向けて書かれた新しいリーダー論である。

contents

はじめに
あなたもうすうす気付いているかもしれないこと …… 003

第1講義
仕事できすぎるリーダー問題
部下から信頼される方法 …… 015

第2講義
ブレスト会議裏目の法則
ブレスト会議がチームを崩壊させる理由 …… 026

第3講義
がんじがらめの理想のリーダー像
気負いすぎが招く部下のリーダー離れ …… 036

第4講義
自分のものさし理論
自分の過去はいつだって美しい
045

第5講義
コミュニケーションは量である
部下を褒めるだけでも立派なコミュニケーション
051

第6講義
思い立ったが凶日
あなたはすぐ思いついたことを伝えようとしてないか？
058

第7講義
スタバに行こう理論
相談の仕方　され方のルールを作る
064

第8講義
チャンネルを変えよう
陰と陽のリーダーシップ 074

第9講義
小さな嘘をついて誤摩化す部下の問題
心を開かない部下の心を開く 082

第10講義
ブレイクスルー理論
部下が成長するきっかけを作る 090

第11講義
当たり前が当たり前じゃない問題
部下への正しい仕事の任せ方 096

第12講義
リーダーの心が折れちゃう問題
リーダーの心が折れないようにするには …… 107

第13講義
一貫性を持つなんてできるわけない問題
部下に一度お願いした仕事を上手にキャンセルする方法 …… 115

第14講義
部下が突然やめると伝えてくる問題
部下の辞める気持ちを引き止める方法 …… 122

第15講義
部下がミスをしたらかばうのか問題
部下が叱られている場面に遭遇したら …… 131

第16講義
チーム内の空気が悪い問題
チームの空気を変えるには …… 136

第17講義
慕ってくる部下をえこ贔屓しちゃう問題
やっぱり部下をえこ贔屓したらダメ？ …… 146

第18講義
部下はどうやったら自主性を持つのか問題
自分から率先して仕事をテキパキするようにしたい …… 155

第19講義
モンスター部下に出会ったら問題
自分の手に余る部下に対して何ができるか？ …… 165

第20講義
やる気があるのに仕事ができない部下
リーダーが腹をくくるとき …… 173

あとがき
これからの時代のリーダーに伝えたいこと …… 185

第1講義

仕事できすぎるリーダー問題

部下から信頼される方法

これからする話は、あなたにとっては、衝撃的なことかもしれない。なぜなら、あなたが今まで描いていたリーダー像を根底から変えてしまうかもしれないからだ。

あなたがこれまでの思い描いていた理想的なリーダー像とは、どんなものだったろうか？　具体的にはわからないが、きっとひとりひとり違うだろう。それは、丁寧に誰に対しても平等に接するリーダーというものだったかもしれないし、皆をひとつ上の存在に引き上げるようなリーダーだったかもしれない。

しかし、あなたは理想のリーダーについて思いを巡らす前にあるひとつの疑問について答えなくてはいけない。

「なぜ、部下はあなたに心を開かないのか？」

世の中のリーダーは全員孤独だ。いろんなチームのリーダーだけを集まる場所を設けると、決まって、自分のリーダーとしての悩みやスタッフに対して愚痴めいた言い訳でその場は一杯になる。

リーダーの悩みはリーダーにしかわからない。だから、気持ちが共有できるリーダー同士はすぐに意気投合する。

私は職業柄、飲食業界のチェーン店のコンサルタントをすることが多く、店長たちが集まる場所に同席することもある。

「スタッフたちには、何かあったらすぐ相談して、って言ってるんですけど、今の子って相談もせずに、すぐに辞めるんですわ」

「それわかるわ。こっちはいつでも待ってるって言うてるんですけどね。結局何考えてるか分からんままやね」

プレイングマネージャーでもある店長たちはそう言って、肩を落としてそれぞれの心に負った深い傷を慰めあう。もちろん私は、コンサルタントである以上、そんな状況を放ってはおかないのだが、その前に、なぜ、部下（スタッフ）達は、腹を割ってリーダー達に気持ちを話さないのだろうか？

確かに、ジェネレーションギャップの問題もあるかもしれない。昔と違って、面と向かっての人間関係の構築は、より一層難しくなってきたように感じるし、部下（スタッフ）達の持ってる夢や事情などもあるだろう。

「世界一周したい」「将来はアーティストになりたい」「今ここで働いているのは、一時のこと。本当の自分の天職はきっと別の所にある」そんな熱病のような夢に侵されている若者もいるだろう。または、「時給だけもらえれば、それでいい」という最も一般的な理由で、家から一番近く、一番効率的に稼げるパート先として、あなたのチームが選ばれたのかもしれない。

しかし、そのほとんどの部下（スタッフ）たちがあなたに心を開かない理由は、

「あなたが仕事ができすぎる」

からだ。

あなたはそんなまさか！と思うかもしれない。でも、実際はそのような理由だったりするのだ。

「なんだか、店長にわざわざ自分の夢の話をして、時間を使わすのも悪いし」
（いやいや、ちゃんと実現できるようにシフトの相談くらい乗るよ：店長の心の声）
「店長って、真面目だから私のバカ話とかって、聞いても相手にしてくれなそうで」
（いやいや、話してみなきゃわからないでしょう。大丈夫ですよ：店長の心の声）

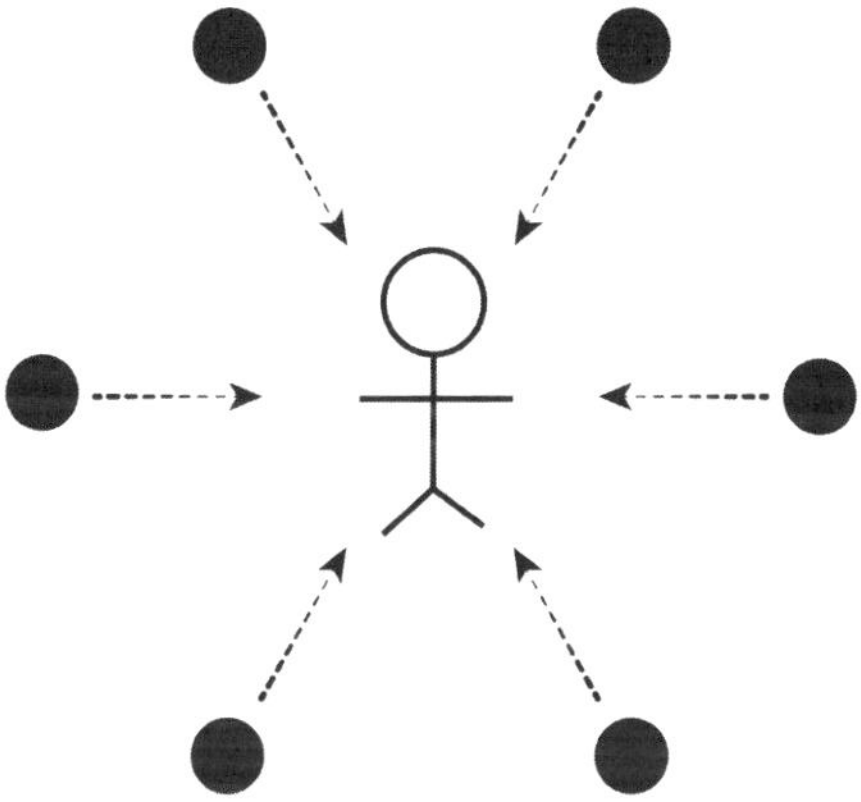

旧来型のリーダー

あなたは、きっと部下達を引っ張っていくために、誰よりも努力をするし、誰よりも一生懸命にチームのことを考えた行動を取ってきたのだろう。しかし、その一方で、あなたは、部下達から浮いた存在になってしまっていたのだ。

きっと、あなたは心の中で、リーダーとは次のような存在だと思っていたのだろう。

上の図を見てほしい。中央にいるのがあなただ。リーダーとしてのあなたはみんなの中央に位置して、みんなの注目を集める存在として、模範になろうとする。

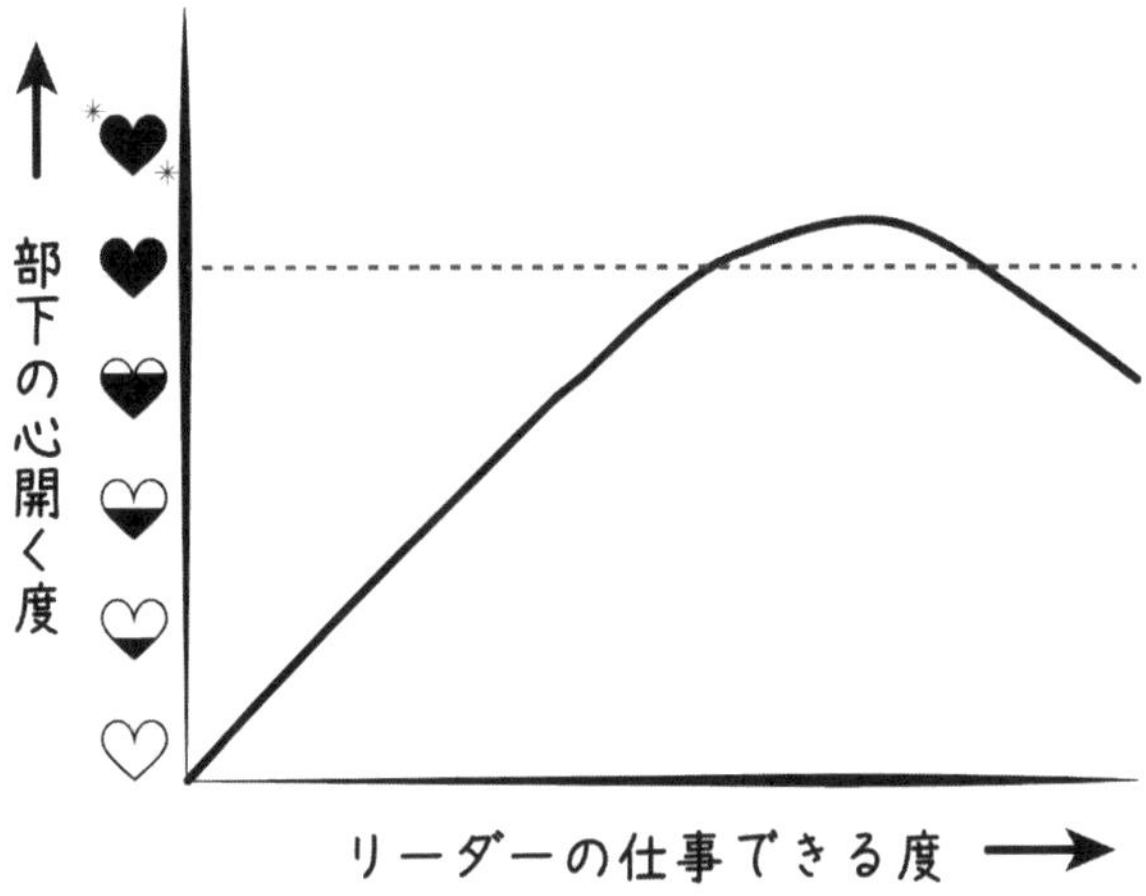

しかし、**このスタイルには落とし穴が存在する。**

それは、あなたなしでは、チームが存在しないことだ。チームはあなたを中心に周り、あなたに頼ることになる。当然、あなたの仕事量は増え、あなたはより一層働かなくてはいけない。そして、今度は上のグラフを見て欲しい。

リーダーが仕事ができる度に従って、最初は理想的な比例線を描く。しかし、ある一点を過ぎた時、部下の心開く度は逆に下に下がってしまっている。

これを**「リーダーの仕事できる逆効果曲線」**と呼ぶ。

リーダーの仕事ができる度に従って、部下の心は離れていってしまうのだ。彼ら曰く
「リーダーは、僕らとは違う人間だし」

「リーダーは、仕事ができるから、リーダーに任せればいいんじゃね？」

「リーダーは、俺たちがいなくてもやっていけるよ。大丈夫。だから明日辞めるね」

なんと哀しいことだろう。チームを引っ張っていこうとして頑張るあまり、チームスタッフの心は離れていくばかりなのだ。


それならむしろ、仕事ができない方がチームはうまくいくのか？


答えはイエスでもあり、ノーでもある。

あなたが思い描いているリーダーシップがP19のようなモデルの場合は、仕事ができない場合は、**軽視・嘲笑・陰口**の対象になるだけだろう。だが本来は、あなたが仕事ができようができなかろうが、**チームの仕事ぶりとは関係ないリーダーシップを取ることが一番理想的**だろう。すなわち、次のページの図のようなモデルだ。

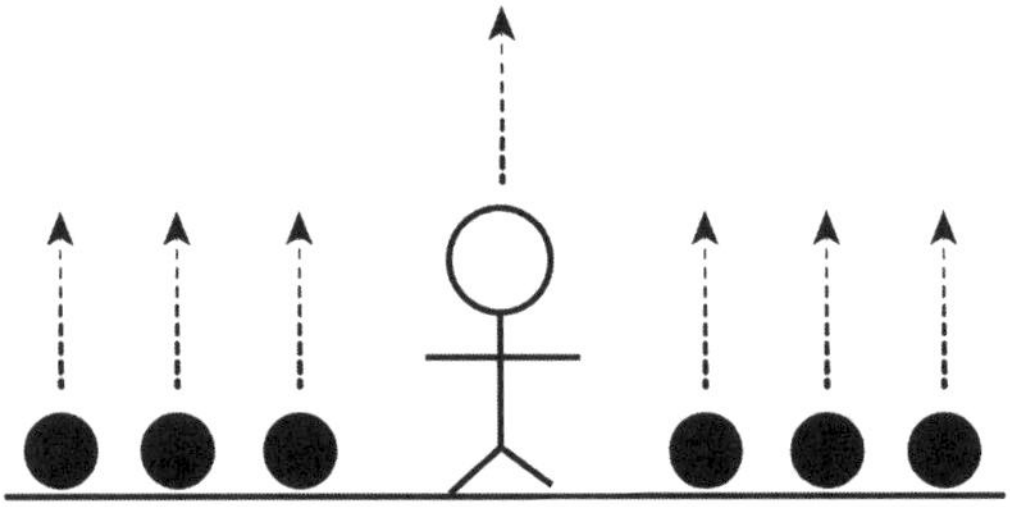

これからのリーダー

あなたは変わらず、チームの中央にいるが、チームメンバーが**見ている方向が今までと違う。**

これまでのあなたは仕事を頑張るあまり、チームの面々に「自分の言う通りにして欲しい」「自分が作ったルールを守って欲しい」と「自分」発信で何でもやりすぎた。

そして「リーダーである自分」ということに自意識過剰にはなっていなかっただろうか？

あなたは理想を思い描くあまり、リーダーとしての役割を果たしていなかった。

これからのリーダーの役割とは、**みんなを同じ方向に目を向けさせ、ひとつのプロジェクトを達成する**ことなのだ。

ひとつのプロジェクトとは、飲食業界であれば、お客さんの満足という目標に向け、サービスの質を上げていくことだし、その他の業界においては、自分達の商品が世の中でいかに付加価値を生み、浸透させるか、ということだ。そして、チームの面々がそれを自分たちの課題として、真剣に考えることがチームとして大切なことなのだ。

このモデルは、リーダーが今まで以上にみんなに寄り添い、ひとりひとりチームの面々をフォローしていくことで可能になる。

不思議なことに、このようなリーダーシップを取れるリーダーの元においては、リーダーが仕事ができない人間であったとしても、**軽視、嘲笑、陰口の対象になることはない**。そして、部下（スタッフ）たちとのコミュニケーションも、案外うまくいくことが多い。

みんなの矢印を同じ方向に向かせられれば、**あなたと部下（スタッフ）たちは、実**

はフラットな立場であることに気づく。同じ目的に向かう同志という関係性さえ築くことができれば、あなたに対して、部下は自然と心を開くだろう。

リーダーは、仕事ができなくてもいい。

チームでは、誰がどの仕事をするのか、どんな目標で、毎日何をしていけばいいのか、を決めるのがリーダーである。

しかし、決めたからといって、皆、迷わず仕事ができるわけではない。毎日のように仕事をしていれば、トラブルや悩みなどが山積していって、いつしか仕事をする目的や目標を見失ってしまうことがある。

そういう場合も最初の立ち位置を忘れずに、皆をケアして、再度同じ方向に向かわせる努力がこれからのリーダーには求められている。

第2講義

ブレスト会議 裏目の法則

ブレスト会議がチームを崩壊させる理由

「それじゃあ、みんな意見を出し合おうか。これはブレスト会議だから何を言っても大丈夫。的はずれな意見を言ってもいいし、実現可能かどうかも考えなくていい。みんなこのプロジェクトがうまくいくために何か意見を出して欲しい」

ブレスト会議。

それは、リーダーにとって、ストレスのたまる会議の別名だ。

あなたはいつだって笑みを忘れずに冒頭の言葉を部下に対して投げかけてきたはずだ。

しかし、会社からスタッフ達の意見を吸い上げて、プロジェクトの進行に役立てるように、と言われてやった会議の思い出はさんざんなものだったと証言するリーダーは多い。

あなたが、今、喉まで出かかってる言葉を代弁すると、

はっきり言って、使える意見なんて出なかった。

そのように断じて間違いないだろう。

たとえば、あなたがある女性向けコスメの商品開発プロジェクトを任されていたとしよう。チームで新商品のネーミングをブレスト会議を行い、決定することになった。

あなたは優しく冒頭の言葉をスタッフに投げかけ、反応を待つ。それを任せた会社側は次のような夢を見ているかもしれない。

・いつもは冴えない平社員のSさんが、ふと発した一言で、新しい商品のネーミングテーマが見つかった！（人ってわからないものですね。やっぱりブレスト会議ってすごい。スタッフBサン）

・一番新入りのNくんが既存の商品の欠点に気づき、発言したことで、既存の商品の欠点を補うような新商品ネーミングができた！（やっぱり、旧来のスタッフだけではわからない盲点に気づけてよかった。ブレスト会議で新しい視点を入れることの重要性がわかった気がします。スタッフCクン）

・あのときは本当に驚きました。だって、会議でポロっと発言したことが、会社の新商品の名前になってしまったんですから。（うちの会社って本当に風通しがよくて、誰の意見も採用してくれるんです。アルバイトスタッフHクン）

このような夢を見ているかぎり、リーダーはいつも失望と怒りに耐えなければいけない。日本において、**ブレスト会議とはいわば無礼講の会議の代名詞のようになっている。**誰でも発言権はあるから、せっかく進んでいた良い意見も途中で意外な横やりが入ることだってあるだろう。いや、最初っから、そんな意見も出てこないかもしれない。実際は、新商品のネーミングについてのブレストというのに、

「新商品ネーミングよりも既存商品の売り上げを伸ばすために広告を打った方がいいと思うんですよね」

「若い女性は最近、海外セレブのカーラ・デルヴィーニュに夢中だから、新商品作ったら、彼女に使ってもらう方法を考えてみてもいいんじゃないですか？」

「既存のラインナップを変えて、新商品のラインナップと合わせてをリニューアルするのはどうですか？」

スタッフたちの意見はバラバラ。それぞれの意見は、見るべき所もあるが、新商品のネーミングのためのブレスト会議のはずが、誰もまとめる人間もいないと、会議はあらぬ方向に行く事になる。

あなたは他に、こうも思っているはずだ。

せっかく意見を聞いてやってるのに……。

トップダウンで命令を下す方がはるかに楽なのに、それをしないのは、スタッフのためを思ってのこと。そして、出そろったアイデアを元に、一応の結論に落とし込んだあと、

「まあまあ、みんな良い意見を出してくれてありがとう。今日の会議で上がったことは上に報告しておくから、じゃあ、今日はお疲れさま」

そう言って、出た意見をあなたは机の中でそっと眠らせることだろう。

しかし、善かれと思ってしたことが、思わぬ反応につながることをリーダーは肝に銘じておかなければならない。

リーダーは、部下に意見を出させるけど採用してくれない。

ブレスト会議では、**他人が言った意見はまったく覚えていないが、自分たちが言った意見は覚えているもの**である。

部下やスタッフたちは、リーダーが自分の発言した良い意見を採用してくれないことを知ると、途端にリーダーへの憤りの気持ちが湧いてくるのだ。

これが、

ブレスト会議裏目の法則である。

リーダーは善かれと思ってやったのに、部下は自分の貴重な時間と意見を奪われ、リーダーは信頼を失ってしまう。

わざわざ、部下が心を閉ざし、自分が嫌われるために会議を行っているようなものだ。

それでは、このような惨状に陥らないために何をすればいいのか?

それを知る前に思い出して欲しい。

新商品ネーミングのためのブレストと銘打った会議、あなたなら何を提案するだろう？

あなたがリーダーの立場だったら、この問いの意味がわかるはずだろう。この会議には正解があったことに。いや、正解のない会議などはない。おおまかな答えはリーダーの中にはおぼろげに用意されていたはずだ。しかし、リーダーは自由な発言を求めるあまり、それをスタッフに伝えることを怠った。

「自由に何でも意見を言ってもいいよ」

こんな何でもアリのゲーム設定を提案したのは、あなたの方なのだ。

正しいリーダーであれば、最低限リングロープを作らなければならない。

必要なのは、たった一言だった。

「新商品開発のネーミングについて、英語・イタリア語・フランス語の中から素敵な単語を使おうと思う。それについてどんな単語がいいかをブレストしようじゃないか？」

ブレストにおいては、何をブレストの土台にするか決めないかぎり、ただのアイデアの出し合いになってしまう。漠然と新商品会議のネーミング会議と銘打ってもダメなのだ。

ブレスト会議は諸刃の剣。

やりようによっては、今までたどり着けなかったような斬新なアイデアを手にできるだろう。しかし、一歩やり方を間違えるだけで、部下たちは心を閉ざし、なぜか、リーダーが嫌われるという状況に陥ってしまうことを肝に銘じておくこと。

どちらも善かれと思ってやっていることなのに、やり方がマズかったせいで、リーダーと部下、お互いの間に溝が生まれてしまうことがよくある。ブレスト会議はその典型例だろう。何から何まで自由な状況よりも、枠や縛りがあった方がアイデアというのは出やすいし、リーダーは、枠や条件を部下たちに提示することが役割だ。

他に、部署の飲み会で「どのお店にする？」と幹事に聞かれて「どこでもいい」と答えるよりも「会社の近く」で「予算ひとり3000円以内」という条件を提示できるようになれば、幹事がウケ狙いで変な店を予約して全員の気持ちが沈み、おまけにひとり1万円を請求されるような悲劇は起きないだろう。

第3講義

がんじがらめの理想のリーダー像

気負いすぎが招く部下のリーダー離れ

世の中にはリーダー論が多すぎる。こうするべきだ、ああするべきだと、リーダーの悩みに応えてくれるが、果たしてどれが正解なのかわからないのが正直なところだ。

次のページの表を見て欲しい。

部下の立場の人間が、どんなリーダーを求めているかについてアンケートを取ったものだ。

第1位	引っ張っていってくれるリーダー
第2位	優しいリーダー
第3位	信頼して仕事を任せてくれるリーダー
第4位	気遣いのできるリーダー
第5位	困った時に助けてくれるリーダー

あなたは日夜、このようなアンケートを見て、自分を振り返り、自分が理想のリーダーに近づけるように努力してきたことだろう。

しかし、リーダーシップとはデリケートなものである。

アンケート通りに、「引っ張っていって」「優しくして」「部下に仕事を任せ」「気遣いをし」「困った時に助ける」リーダーになったとしても、それが100%の理想のリーダーとは限らないのだ。

ここにもうひとつデータがある。

私が、数多くのチームで見てきた、スタッフを実際に困らせるリーダーについて書いたデータだ。ここに挙げられているリーダーにあてはまるリーダーはいるだろうか。

□感情的なリーダー
気分の上がり下がりが大きく、なんとなくで部下を指導する。

□教えたがりリーダー
自分の言った通りにやっていないと怒る。

□放任リーダー
任せたのにできていないことに怒る。

□支離滅裂リーダー
言うことが極端すぎて、誰もできない。本の影響を受けやすい。

□部下のご機嫌伺いリーダー

指示があいまいで、部下に好かれたい願望がある。

□部下を変えたい願望があるリーダー

自分の言葉で、部下の人生観を変えてしまいたいと思っている。

□背伸びしてるリーダー

リーダーはエネルギッシュであるべきだと考えてる。でも、自分のキャラに合ってないから、ぎこちない。

□部下に心を開かないリーダー

部下に心を開かないのに、部下の心について知ろうとする。

「あいつ相談してこないんですよね」と言って愚痴をこぼすも自分の本音は絶対に漏らさない。

□真面目すぎるリーダー
正論ばっかり言う。実際の仕事の現場では、なんとなくグレーで終わらせることが大事だったりするが、真面目すぎるリーダーは白黒つけたがる。

□ノリで何でも解決したがるリーダー
具体的戦略がない。「いい感じ?」「いい感じで一緒に成功しようぜ」気合と根性とエネルギーで何でも解決できると思ってる。

□部下を心の中で馬鹿にしてるリーダー
「あいつ使えないっすわ」と上司に報告し、「地頭わるいよね」と部下に面と向かって言う。

□自分のことを棚上げリーダー
仕事に馴れていない部下を責める。「俺が初めての頃は～」と昔語りをするが、自分が昔、できなかったことを忘れているだけ。

□自分の成長過程を踏ませたがるリーダー

自分が昔やってた仕事と同じことをさせようとして、できないと怒る。自分のことを棚上げリーダーと同類。

□怒っていることに自己陶酔するリーダー

部下のためを思って、声をあげて怒ってるうちに段々と盛り上がってきて、最後は「お前を思って泣く」。

□がんばろうが口癖のリーダー

部下を励ますのがリーダーだと思い、「がんばろう」と常に言うがトラブルのときは役に立たない。

□自分の部下に嫉妬するリーダー

仕事のできる部下に対して、嫉妬心を持ってしまう。今まで、自分の力を見せることでチームを引っ張ってきたリーダーが陥りがち。

□スケールの小さいリーダー

チームへの支配欲求が強く、チーム内で一番になろうとする。そのチーム全体で何か実績をあげることには関心が薄い。

いかがだろうか?理想のリーダーに比べて、こんなリーダーは嫌だという方は、具体的で、身に沁みただろう。

だが安心して欲しい。

このネガティブアンケートでひっかからないリーダーはいない。

私もかつては、背伸びをして、ノリで何でも解決したがったリーダーだった。しかし、多くの経験を経ることで気付いたのだ。

部下が求めているのは、引っ張っていってくれるリーダーでも、優しいリーダーでもなく、**自分のことをちゃんと見てくれるリーダー**だということに。

数多いリーダー論を使って、自分をコントロールしようとするのではなく、チームをマネージメントする中で、**自分に適切な役割を与えてくれて、正しい方向を指し示してくれる**だけでいいと多くの部下は考えている。

先ほどのネガティブアンケートで唯一共通していることは、リーダーは部下に対して気負い過ぎということだ。

リーダー自身が、「自分も役割のあるチームスタッフの一員にすぎない」ことに気付いたとき、これからの時代のリーダーとして一皮剥けたと言えるだろう。

部下目線からの困ったリーダーというのは、非常に辛辣だがリアルな意見だ。リーダーという役割を担ううえで、どうしても普段の自分にはない部分を強調しないといけない場面に遭遇する。それをいかに自然体で行えるかどうかに、部下の心を開くヒントがある。

自分をちゃんと見てくれるリーダーというのは、自分の適性を見抜いて、ふさわしい仕事を与えてくれる存在だ。部下の行動や性格を見ていれば、自ずと向いている仕事はわかってくる。普段から部下を観察する努力を怠らないこと。

第4講義

自分のものさし理論

自分の過去はいつだって美しい

部下があなたに心を開いてくれない理由はいくつもある。でも、ほとんどの場合は、（部下に深刻な原因がある場合を除いて）、リーダーの考え方ひとつで部下は十分に心を開いてくれるはずだ。

しかし、実際に部下とのコミュニケーションにおいて、良いコミュニケーションを維持するというのは、至難のわざだ。

我々はそもそもコミュニケーションにおいて、非常に難しいことを実現するように子どもの頃から言われている。

「相手の立場になって考えよう」

これほど無責任な言葉はない。

部下の立場になって考えたとして、その考えが当たっているかどうかは、リーダーはわからないだろう。

人によっては、そういう姿勢こそが大事だという人も大勢いるだろう。しかしながら、同時にそれが悲劇の始まりになることもリーダーは、気をつけていなければいけない。

なぜなら、その考えを押し進めていくと、どうしても、次のような考えにならざるを得ない。

「俺が部下と同じ立場だったとき、どうだったかな〜？」

過去の美化曲線

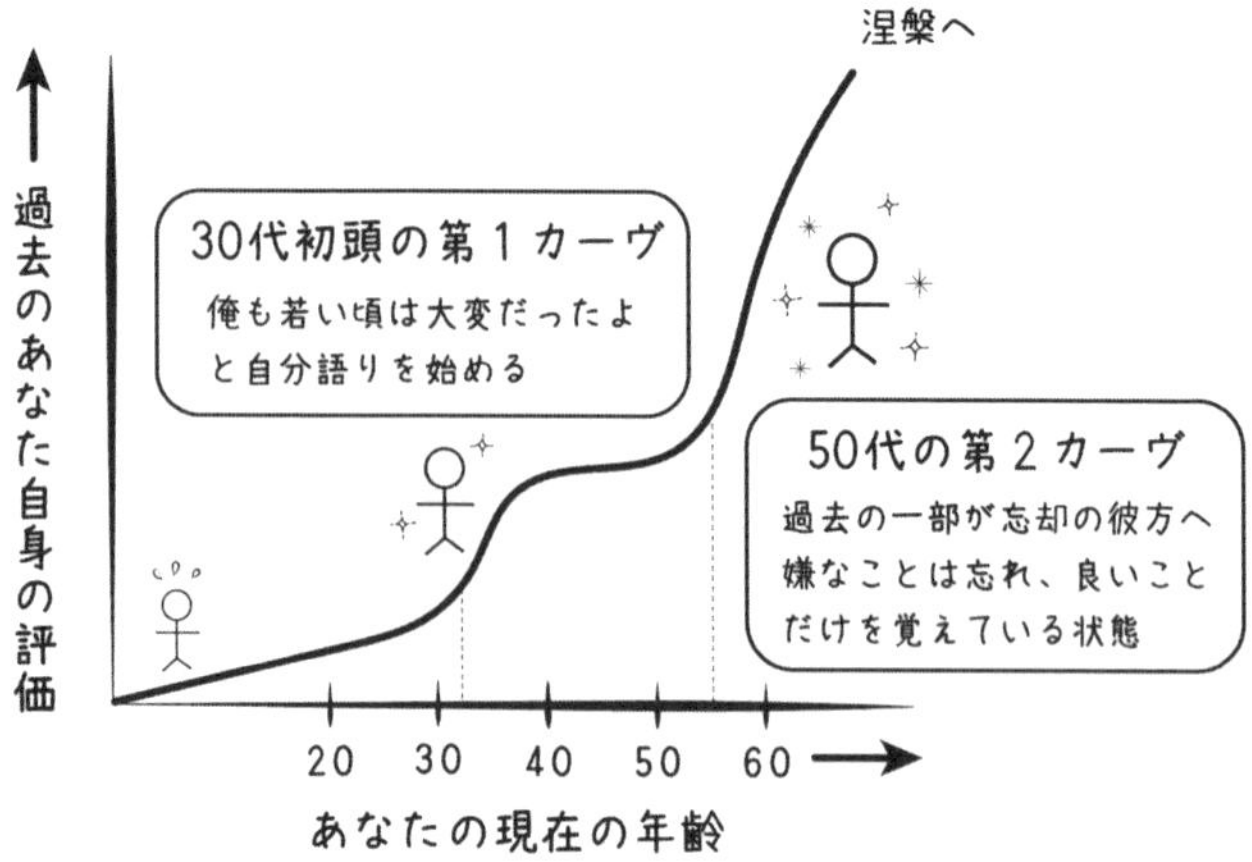

人間は、相手の気持ちを考えようとする時もやはり、自分の過去を基に考えることしかできない不器用な生き物なのだ。

「それの何がいけないのだ?」

こう言うリーダーたちの多くは気付いていない。

この考え方こそが、リーダーと部下たちの心を決定的に分断する第1の理由である。

なぜなら、あなたは自分の過去を美化しているからだ。

上のグラフを見てほしい。

年齢が上がる程、自分の過去がとて

も美しく、優秀なものになっていく。これは、仕事ができる人間ほど、陥りやすい思考のワナなのだ。

もしも、そんな人間が、相手の立場にたって考えるとしたらどうだろう？

①「あいつは何で仕事ができないんだろう」

↓

②「俺があいつくらいの若者だったときどうだろう？」

↓

③「いや、いくらかマシだった気がする。いやいやもっとマシだ」

↓

④「……ということは、あいつができないのは、俺よりも能力が低いか、サボってるだけだな」

↓

⑤「あいつ、マジ使えないわ」

このような思考の道筋を辿るのは明白である。

自分の物差しで部下をはかることの危険性は、この過去の美化曲線を見てもあきらかである。自分のものさしで部下をはからないことが、リーダーとして歩むべき道の第一歩といえるだろう。

自分のものさしで部下をはかることの危険性を、リーダーは自覚してほしい。なぜなら、美化されすぎている過去の自分から見てみると、部下たちは全員「使えない」人間にしか見えなくなる。

目線を落とし、部下の視点にたってモノを考えることは、仕事ができるリーダーほど難しい。「部下は仕事ができない」と考えると、何でも自分でやるようになるし、「自分でやった方が早い」と考えがちだ。チームが持ってるポテンシャルを自ら放棄せずに、根気よく、部下がわからない所を指導することでしか、道が開けないときもある。

第5講義

コミュニケーションは量である

部下を褒めるだけでも立派なコミュニケーション

「部下とコミュニケーションを取ろうと思っても、うまく取れないんです」

という相談を受けるときがある。

リーダーの多くが抱える悩みである。

実際、リーダーはさまざまな個性を持つ部下たちとコミュニケーションを取らなければならず、なかなか難しい立場に立たされることが多い。
コミュニケーションについて私の周りで聴いたアンケートをご覧いただきたい。

○コミュニケーションが得意か？

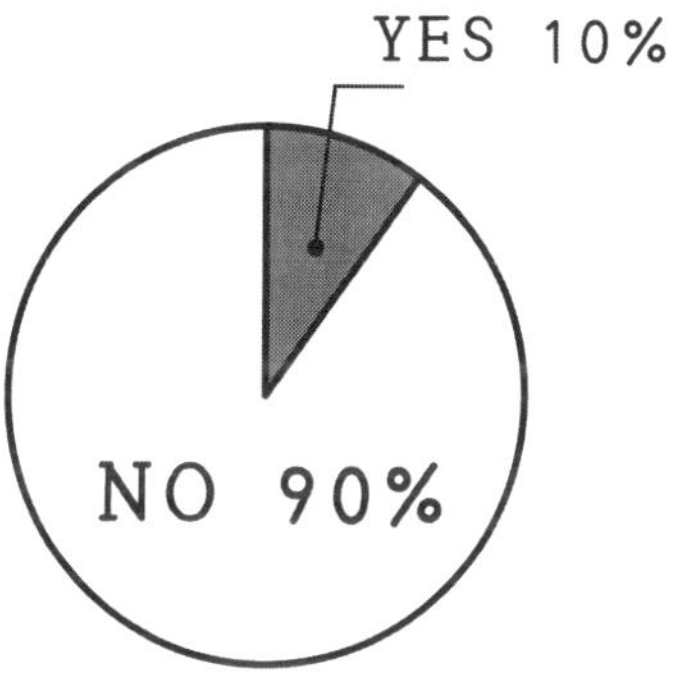

リーダー100人に
聞きました！

○仕事以外で部下とコミュニケーションをどこで取ることが多いか？

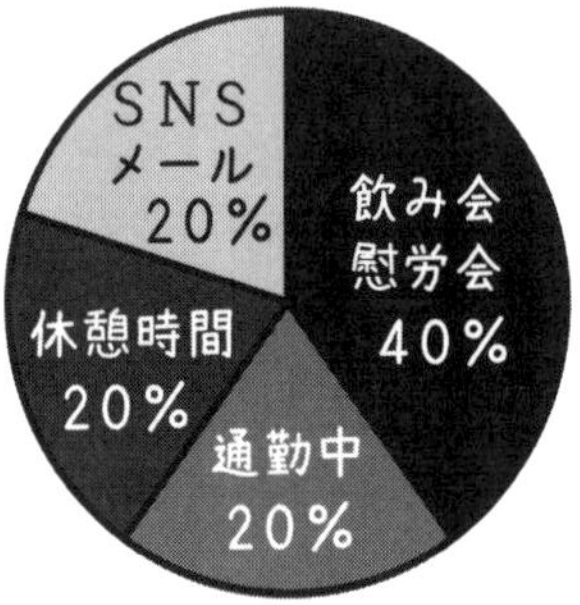

リーダー100人に聞きました！

忙しい現代の仕事社会において、時間はもっとも貴重である。

リーダーたちは部下とのコミュニケーションが大事だとわかりつつも、取引先や顧客に対して、より多くの時間を割いてしまうだろう。必然的に、チーム内全体のコミュニケーションは実際の営業時間以外のときに取らなければいけなくなるだろう。

ということは、部下にとってコミュニケーションに充てる時間というのは……、

サービス残業と同じということだ。

一旦、こういう認識になってしまうと、リーダーと部下双方にとって、チーム内で

企画される親睦のための飲み会などは、不幸な時間にならざるを得ない。

また、いざ、チーム内の親睦を深めようと思って、

「さあ、コミュニケーションを取ろうか！」

と思ってもうまく取れないのがコミュニケーションの悩ましいところなのだ。


さて、それではどうするか。

私はコミュニケーションというのはトレーニングで鍛えられると考えている。毎日少しずつでも取り続けて行くことで、チーム内は自然とコミュニケーション量は増えていき、いざというときに頼りになる、チームワークが発揮できるようになる。


しかし、ひとつ悩ましい問題がある。

リーダーたちはコミュニケーションを「うまく」取りたいのだ。

リーダーたちが、部下とのコミュニケーションにおいて、これが最も気を付けたいポイントで、毎日、コミュニケーションを取っていても、逆に嫌われてしまったという痛い経験は誰しも持っているだろう。

部下が心を開いていない状態で、無理矢理にコミュニケーションを取っていても次のような問題が発生する可能性があるのだ。

「あれ、○○ちゃん（部下の女性に対して）髪切った？」

「あ、はい。切りましたけどソレが何か？（急に声かけてきたと思ったら何だよ）」

「お、その服装センスいいね（部下の男性に対して）」

「は、はい。（そんな所褒められても）」

はっきり言おう。コミュニケーションとは、

そういうのじゃない。

時間も取れないし、何を言ったらいいかわからないから、とりあえず、何か言うのは愚の骨頂である。

左にリーダーが部下にまず使うべき言葉をあげておいた。

・君の仕事に対する献身的な姿勢はいいね
・お客さんへのフォローありがとう
・いつもチームのことを考えてくれてありがとう
・君の仕事への集中力は目を見張るものがあるね
・君の仕事の完成度にきっとお客さんは満足してくれるだろう
・このチームは君でもってるよ
・君がこのチームに入ってくれたおかげで、○○（部下の名前）効果が出ているよ
・あの会議での発言良かったよ
・いつもココを掃除してくれているのは君だよね
・次からこの仕事は君に任せるよ

なぜ、私がここに褒めるポイントしか書かなかったか、その理由は明らかだ。

コミュニケーションは水物である。

コミュニケーションが不得意なリーダーが、「叱る」、「注意する」などという高等技術に挑戦すると、ヤケドを負ってしまう。

ここは、素直に褒めるべきである。特にＳＮＳやメールでは、褒めちぎることもできるので、躊躇なく実践して欲しい。

あなたが言いたいことはわかっている。

そんな口だけの褒め言葉に何の意味がある？

いや、意味はある。話すことがないなら、口だけの褒め言葉を用いてほしい。そうすることで、部下の心は少しずつ開いていく。そこから本音をぶつけても遅くはない。

まだ未熟なリーダーほど、「叱る」や「注意する」という高等技術を駆使したがる。しかし、それによって部下の自尊心を傷つけたり、部下のやる気を削いだりするリーダーがあとを絶たない。

関係性ができあがる前に、それをしようとしてもうまくいかない。

関係性ができあがった後で、慎重に行うからこそ、「叱る」や「注意する」が効果を発揮するのだ。

第6講義

思い立ったが凶日

あなたはすぐに思いついたことを伝えようとしていないか？

第3講義で「支離滅裂リーダー」というのを挙げたのを覚えているだろうか。言う事が極端で、本の影響を受けやすいという特徴を挙げたが、その特徴は自分では認識しづらい。
だが、思いついた「ナイスアイデア」をすぐ伝えようとする、と言われたら心当たりのあるリーダーもいるのではないだろうか。

ある日、職場への道を歩いているとき、フトあなたが何かを思いついたとしよう。

それは、とても良いアイデアで、チームを改善するきっかけになるアイデアかもしれないし、売り上げを倍増させるようなアイデアかもしれない。

あなたの職場へ向かう足取りは自然と早くなり、心も沸き立っているだろう。

そして、あなたは職場のドアを開け第一声、

「良いアイデアを思いついたんだ！」

アイデアの内容を伝えたときに部下たちの反応はどうだっただろう。

キョトンした顔、顔、顔。

あなたはこう思うだろう。

「ちっ、にぶいな」

そして、そのアイデアを実行するように命令する。

しかし、チームの面々は、あなたの迫力に押されるように、

「はあ、わかりました…」

あなたが考える反応とはほど遠く、チームの面々に受け入れられる。

あなたも渋々そんな薄い反応を受け入れる。

（きっと、あのアイデアを実行したら、俺のスゴさもわかるだろう）

しかし、その期待はやがて裏切られることになるだろう。

「おい、俺が言ったこと実行してないじゃないか！」

「あ、すいません。忘れてました」

「しっかりしてくれよ。ちゃんと実行したら効果も出るんだから」

次第にたまってくるストレス。自分のアイデアがしっかりと実行されない虚しさ。

「あいつら、俺のこと軽んじているんじゃないのか？」

リーダーとチームの面々との間にできる溝。もう一度それを徹底させるために、リーダーであるあなたはもう一回チームの面々に同じことを命令する。

しかし、その時には、初めに感じたアイデアの革新性や新鮮さは薄れ、きっと、「命令をチームの面々に実行させる」ことに目的がすり替わっているだろう。

では、良いアイデアを思いついたあなたはどうすれば良かったのだろうか？

アイデアを思いついて、何かを実行に移すときにリーダーは、それをチームに落とし込む方法を考えなければいけない。

チームは生き物だから、あなたの方を向いているときだけじゃない。

気にするべきポイントは、タイミングだ。

これは何か統計があるわけじゃないが、私の経験上、リーダーにとってナイスアイデアを思いついたときというのは、大抵**タイミングが悪かったりする。**

まさに、思い立ったが凶日。

リーダーならば、それを伝えるべきタイミングを作らなければいけない。

そして、肝に銘じておくべきは、それはあなたのタイミングではない、ということだ。

実行するのが部下であるならば、あくまで部下の受け入れやすいタイミングで伝え

るべきだろう。たとえば、先ほどの講義で触れたように、さんざん褒めた後に伝える
のも効果的だ。部下の仕事への意欲を高めてから伝えても遅くない。あなたがすごい
と言われるのが目的ではなく、そのアイデアを実行することが目的であるなら。
部下のタイミングを待つことも、リーダーとして必要な心得だ。

閃いたアイデアというのは、すぐに人に言いたくなるものである。

その驚きを共有したいという気持ちもあるだろう。

しかし、必ずしも他人は、自分と同じように感じてくれるわけではない。

驚きを強要するのはリーダーのわがままというものだ。

その場合、リーダーはタイミングを待たなければいけないが、これができるリーダーは意外に少ない。

第7講義

スタバに行こう理論

相談の仕方・され方のルールを作る

リーダーが大切にするべき部下への配慮がある。

指示を出す立場と、指示を受ける立場である以上、関係が一方通行にならないように、リーダー達は、指示を伝えるときは左の3つを大切にしてほしい。

・タイミング
・場所
・チャンネル

今回は場所についての話である。

たとえば、部下と大切なコミュニケーションを取る際に、リーダーが選ぶ場所は「スタバ」一択である。スタバとはスターバックスという喫茶店チェーンの略称であるが、喫茶店チェーンでも有数の居心地の良さを誇っており、利用者を一段上の雰囲気へと誘う素敵空間なのである。

さて、部下との大切なコミュニケーションといえば、真っ先に思い浮かぶのが、いわゆる**「込み入った話」**である。

込み入った話といっても、**他のスタッフの悪口か、スタッフ間の恋愛**だったりするのだが、どちらも放っておくと、チームの崩壊のきっかけにもなりかねないので、看過はできない。

　では、この込み入った話がどのようにリーダーを苦しめるか、現場で数多くの実例を見てきた私が特によく見る一例をあげよう。（私の個人的な体験を基にしているので、臨場感ある関西弁verでお送りする）

「リーダー、実はちょっと聞いて欲しいことがあるんですけど、今いいですか？」

「ん？　何」

「実は、新しいスタッフのA代ちゃんのことなんですけど、**うまく周りと馴染んでへんと思うんですけど、リーダーどう思います？**」

☆ここで、一旦ストップしよう。
　この相談の仕方は、いわゆる誘い水である。相談者は新入りのA代ちゃんに対して、明らかに気に食わないと思っている。そこに注意して、続きをみていこう。

「え？　何、新入りのA代ちゃん、何かあったの？　気付いてへんけど」

「いや、リーダー知らんから、言いますけど（私が言うたってのは内緒ですよ）、A代ちゃん、口の利き方がなってへんちゅうか、職場の先輩たちの（自分も含む）、言う事全然聞かへんのですわ。職場のルールで決まってることも多いのに、自己流でやりすぎっちゅうか」

「う～ん、そうかぁ。ルールを守らんのはあかんな。よっしゃ、俺の方から言うとくわ。相談してくれてありがとうな」

☆見事に相談者のワナにはまってしまったリーダー。事実の確認もしないままに、苦情とも文句ともつかないような一意見をA代ちゃんに伝えることになった。この後、リーダーはチーム内の権力争いの調停に奔走することになる。

「A代ちゃん、実は、話があるんだけど」

「なんですか？」

「あのな、これはチームスタッフからの意見なんやけど、ルールは守って仕事してくれへんと困るっていうことやねんけど、心当たりある？」

「それ、どうせB子先輩が言ったんでしょう。あの人の言うこと信用せん方がいいですよ。私のことが好かんのか知らんけど、やることなすこと文句つけるっちゅうか…。私の方もまいってるんですわ」

「何？　ちょっと待ってくれ。A代も言いたいことがあるんかいな。（スタッフ間のもめごとは困るんやけどな〜）」

☆A代の言い分も聞いた後、再び、B子を呼び出してA代の言い分を伝えるリーダー。その往復は数回続くだろう。すでにA代、B子の双方から伝書鳩的な役割をあてがわれて、陰では「**あの使えないリーダー**」という不名誉なレッテルを貼られていることとも知らずに。

結局、リーダーは最初、軽い気持ちでスタッフ間の不満を解消しようと奔走したが、問題は解決どころか、ドツボにはまってチーム間の亀裂は決定的になってしまった。それぞれのスタッフを「まあまあ」といって慰めることがリーダーの仕事になってしまったのだ。

これは未熟なリーダーが一番陥りがちなミスだ。

では、どうすれば、このような目も当てられないような状況を回避できるか？

未熟なリーダーは、部下に対して、こういうことを言う。

「困ったことがあったら、何でも相談するように」

だが、リーダーにとって困ってしまうのは、部下は相談と愚痴を区別しないで持ってくることだ。

だから私の場合は、最初に「相談の仕方」のルールを決めておく。そして、それを周知徹底しておくのだ。

「相談をするときは、語尾に〝どうすれば〟という言葉をつけなさい」

つまり、例にあげたB子のA代に対する最初の抗議を例にとると
「うまく周りと馴染んでへんと思うんやけど、リーダーどう思います？」

←

「うまく周りと馴染んでへんと思うんやけど、**どうすれば、**うまくいくと思いま

す？」

「B子はどう思うん？」

「う～ん、とりあえず先輩立ててもらわんと困るかな」

「先輩を立てるって、**どうすれば、**そうなる？」

「え？　あ、あのすいません。ちょっと後でいいですか。これから忙しいですから」

具体的な方策を求めると、部下も自分で考える癖がつくようになり、簡単には相談できなくなる。元より自分で解決策を探るようになり、リーダーにはその許可を求めるだけになるのだ。最初の状態に比べれば、雲泥の差だ。

さて、話を最初に戻すと、込み入った話の場合は、結局のところ、最終的に本人同士の話し合いで解決するしかない場合もある。

これは、だいたいが緊張感を持った話し合いになるが、スタバの持つ柔らかい雰囲気がそれに最適だといわれている。

リーダーは当事者同士を連れ出して「お互い、別々で話し合っても解決にならないから、いろいろと話し合おう」とスタバに行くのである。ちょっと照れくさくなりながら、しばらく時間がたったら、スタバの魔法によりぶっちゃけた話ができるようになる。突然、カップを取りあげて相手にぶつけ、大喧嘩になることもない。これは、スタバの空気がそうさせているのである。

ちょっとした手間ではあるが、わざわざそういう場をリーダーが設けるということが大切なのである。

ストレスの高い話し合いに最適な場所ランキング

①海辺
②広い公園の芝の上
③山頂
④満点の星空の下
⑤スターバックス
⑥サウナ
⑦夜景の綺麗なレストラン
⑧大型客船の甲板
⑨ホテルのロビー
⑩神社の境内

性別や天候に左右されず、値段も手頃なスターバックスは、リーダー御用達の店といえるだろう。

部下とのコミュニケーションの中で、難しいのは「相談」である。純粋な「相談」である場合の方が少なく、多くは愚痴や環境・待遇改善への要求である。この講義で取り上げたようなスタッフ間のもめごとは、最もリーダーが振り回される事案だ。

リーダーが気をつけたいのは、もめごとを起こしてる双方の聞き役・なぐさめ役にならないこと。リーダーは、当事者をなぐさめるのではなく、人間関係のこじれをほどくことを第一の目標に据えたい。

第8講義

チャンネルを変えよう

陰と陽のリーダーシップ

あなたはリーダーとして、自分がどちらのタイプだと思うか？

A　周りのチームスタッフを元気づけてその場をパッと明るくして先導するタイプ

B　はぐれていたり、遅れているチームスタッフのケアをして背中を押すタイプ

Aタイプは陽のリーダーシップを持っており、Bタイプは陰のリーダーシップを持っている。どちらが良い悪いということではなく、チームスタッフにとっては、どちらもいてくれた方が嬉しい。

あなたがチームメンバーの選別をできる立場ならば、ぜひとも、自分とは違うタイプの人間をサブリーダーに選んで欲しい。

陽のリーダーシップを持つ人間ならば、陰のリーダーシップを持つ人間に、陰のリーダーシップを持つ人間ならば、陽のリーダーシップを持つ人間にサブリーダーをやってもらうのが一番いい。

これはなぜかというと、先ほどの部下に配慮したいポイントで触れた「チャンネル」という部分に深く関わってくる。

本当に人間というのは感情に支配される生き物である。

どんなに正しいと思える意見であったとしても、その意見を言う人間が気に食わない人間だと、途端にその意見を取り入れるかどうか迷ってしまう。

リーダーのなかには、それを自分の影響力をあげることによって解決させようとするリーダーがいるが、それは間違いである。
次の図を見て欲しい。

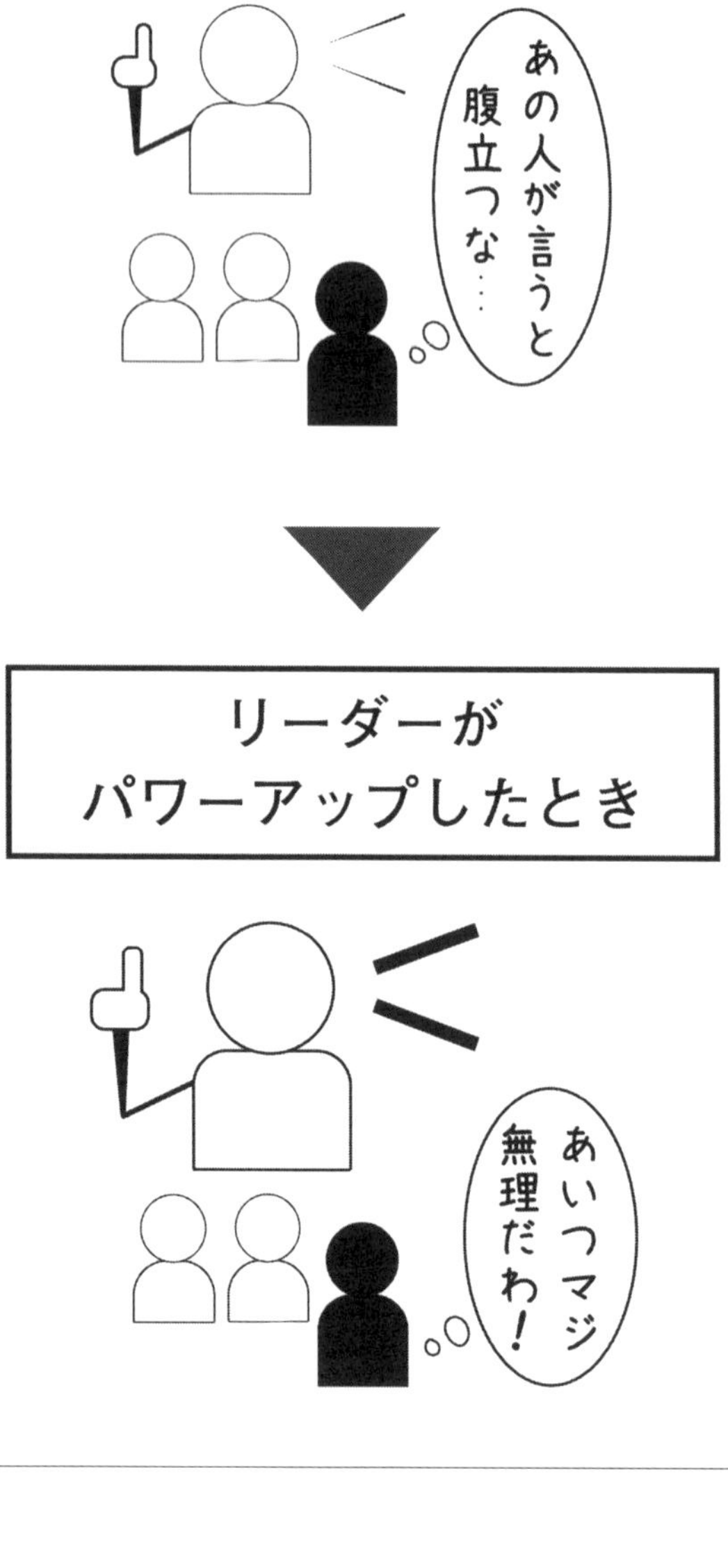
あの人が言うと腹立つな・・・
リーダーが
パワーアップしたとき
あいつマジ無理だわ！

リーダーの影響力があがったとしても、チームに対しての影響力は限定的である。これはどんなにカリスマ性があがっても、部下の聞くチャンネルが同じであれば、感情の反発はやはり押さえられず、むしろ前より反発が強くなるのが、悲しいかな、人間の性なのである。

戦後、最もリーダーシップのあった総理大臣といえば、田中角栄だがその影響力の強さから各方面から警戒されて、やがてはリーダーの座を引きずり降ろされ、一時逮捕されてしまった。このように強力な影響力には同時にそれに反発する力も強大になるのである。

とはいえ、多くのリーダーは、やはりこの思考のワナから抜けられず、チームへの影響力をあげようとある手法を試みる。それは、

・大きな声で言う
・何度も言う

なぜかこの2つを行うリーダーが後を絶たない。

前に指示を伝えたときに、チームに浸透しなかったのは、「**大きな声で言ってなかったから**」ということはないので、むしろ逆効果になってしまうのは明らかである。もちろん、「何度も言う」も同様だ。何度も言うことが必要な事柄もあるが、この場合のそれは、**自分の指示が伝わってないかもしれない**という不安から何度も言うという最も部下から軽蔑されてしまうリーダーの行動なので慎んだ方がいいだろう。

最も賢いリーダーのやり方は、部下のチャンネルを変えてやることだ。個人的な感情を抜きにして、その部下にとって素直に指示を聞ける相手に、あなたに代わって言ってもらうのが一番いいのだ。

リーダーの言うことを聞けなかったら、サブリーダーがリーダーをフォローする形でチームを正しい方向に導いていく。たとえば、サブリーダーをわざわざ任命するまでもなく、はみ出したり反発したりする人間に対して、最も効果的と思われる人間にひと言、言ってもらうだけでもいい。

人は意外に情報の入ってくるチャンネルが違うと、素直に意見を聞けるということ

サブリーダーが
フォローすれば…
サブリーダー
それも
一理ある…
でもさ…

は、誰しも心当たりがあるだろう。

学生時代、親から「勉強をやりなさい！」と何度も言われても一切やる気が起きなかったのに、勉強も運動もできる部活の先輩が実は**進研ゼミの会員**だったことを知って、主人公は勉強と部活動に頑張れるようになり、ついでに幼なじみとの恋愛もゲットできちゃう**あのマンガ**は、実に真理を突いているのである。

よって、このチームのマネージメント手法は、別名「**進研ゼミのあのマンガ**」理論といわれている。

人の心の機微というのは、難しいものである。

同じことを言っているのに、言う人が違うとまったく伝わり方が違う。リーダーとして違うチャンネルを持つことは重要なことである。サブリーダーという特別な存在を用意しなくても、たとえば、部下を褒めたいと思ったときに、わざと直接言わないという手法がある。

「○○さんのこと、リーダーがよくやってるねって言ってたよ」

と別の人間から間接的に伝える手法だ。こんな回りくどいことを多くのリーダーがするのも、昔からチャンネルを変えることが有効だと言われているからだろう。

第9講義

小さな嘘をついて誤摩化す部下の問題

心を開かない部下の心を開く

以前、こんな相談を寄せられたことがある。あるコーヒーショップチェーンの若い店長が真剣な顔をして話しかけて来た。

「山川さん、実はうちのバイトの女の子のことなんですけど……。全然心を開いてくれないというか。接していてものすごく壁がある子がいるんですけど、そういう子にはどうやって接したら、いいんですかねぇ？」

「そうですか、どんな子なんですか？」

「たとえば、その子が乗る電車はよく遅れるとか、親が病気でよく倒れるとか。出勤時間直前になって、よく遅刻の言い訳の電話をしてくるんですわ。

でも、その子の家は、自営業をやっていてウチの近所だからよく知ってるんですけど、親御さんは2人ともピンピンして店に立ってるんです」

「ほほう、すぐバレるような言い訳を？」

「そうなんですわ！

バイトに毎回遅刻してくることは困ったことだけど、それ以上に、嘘をついてまで取り繕わなくてもいいとも感じてるんです。逆に心を開いてくれてないんだな、と思って、悲しくなるんです」

「その子には、その事を伝えてるんですか？」

「まぁ、一度や二度くらいなら目をつぶってましたけど、度重なると、こっちもどう対処したらいいかわからないから、こないだ直接本人に言いました」

「どういう風に？」

「遅刻するのは構わない、シフトの前の子が迷惑するけど、毎回10分〜20分程度しか君は遅れないから、その点については、あまり問題視はしてない。

だけど、毎回、苦しい言い訳をしなくてもいいじゃないか。寝坊したなら、寝坊したと正直に言ってくれれば、こっちは何にも思わないよ。あと加えて言うと、それで時給を下げることもないよ、と伝えました」

「はは〜。ずいぶん正直に話したんですね」

「はい、そうです。それから、今後は絶対に嘘をつかないこと。遅刻した言い訳は正直に話すこと。他のバイトの子達の手前、遅刻を見逃すわけにはいかないので、次回以降の遅刻は、たとえそれが10分であっても、1時間の遅刻として換算すると伝えました」

「うんうん。それでどうなりました？」

「遅刻はなくなりましたけど、あまり自分の話をしたがらないので、それ以降はあまりコミュニケーションが取れていません。それはチームスタッフに対しても同様ですね」

私はここまで彼の話を聞いて、問題の根本は解決していないことに気が付いた。

この若い店長のモヤモヤを解消するには、遅刻をなくすことではなく、そのバイトの子がチームに馴染み、自分にもチームスタッフにも心を開いて接してくれることが必要なのだ。


「ところで、店長さんはご自分のことはスタッフには話すんですか？」


キョトンとする店長。

「え、何でですか？　仕事に関する事なら話しますけど……」

「いや、仕事以外のことで」

「仕事以外のことですか？　う〜ん、ほとんど話さないですけど」

「自分の好きな音楽や映画のことでも？」

「はい……」

「どうして、バイトの子が自分に心を開いてくれないと思います？　あなたはさっき、
私には『**嘘をつかれると悲しい**』と本音を話してくれたのに、バイトの子に話す

ときには、『正直にいってくれれば、何とも思わない』と言葉を選んで伝えた」

「そりゃあ、それはバイトの子を気遣ってそうしたんです」

「でも、心のどこかでご自分の正直な気持ちをスタッフに晒すのが恥ずかしいとも思っていたのではないですか？」

「う〜ん。そうかもしれませんが、でも、そんなことで悲しがるリーダーがいたら、スタッフは困ってしまうんじゃないですか？」

「リーダーはやっぱりスタッフたちの鏡ですよ。リーダーのやることを見本にスタッフも動くようになります」

「どういうことですか？」

「チームの全員が自分のことを晒すのが恥ずかしいと思っているということです。できるリーダーというのは、自分のことを晒すのがうまい人が多いですね」

「でも、自分のことを話すのって、ちょっと間違えると自慢になってしまうし、あまりに情けないエピソードすぎると、リーダー軽視につながっちゃいませんか？」

「その心配には及びませんよ。あなたなら普段しっかりしてそうだから、たぶん大丈夫なはずです」

意外に同じことで悩んでいるリーダーは多いはずだ。こういうリーダーの多くは自分のことをオープンに話すのが苦手なのに、部下やスタッフには本当のことを話して欲しいと考えている。だが、そもそも、**自分のことを話もしないのに、相手の本心だけ知りたいなんてムシのいい話なのだ。**

だが、この場合、自分のどんな部分をオープンにするかが問題だ。

心がけて欲しいのは、「**相手と同じウィークポイントをオープンに話す**」べきということだ。

仕事ができなくて悩んでいる部下に対して、自分の失恋話をしても効果は望めないだろう。

それでは、どのようにして相手のウィークポイントを探るか？

まず最初に、相手をちゃんと見ることだ。関心を持って部下を見ることで、見えてくるものは多い。

実際、あの若い店長は、彼女に関心を持って見ることで、わかったことがあった。どうやら遅刻の原因は彼氏のアパートで時間ギリギリまで過ごしているからのようだった。

彼氏のせいにするわけにもいかず、事情を話すのも恥ずかしかったので、毎回、ココロと苦しい言い訳をしていたのだった。

理由さえわかれば世の中、なーんだ、ということだらけだ。そんな大した理由でもないのに、チーム内がギスギスしていたのがバカらしくなる。

若い店長は、その事情を聞き出すのに、自分が恋愛で大学受験を失敗した話や、今の奥さんに尻に引かれっぱなしのエピソードを話したという。

優れたリーダーは例外なく、自分のことをオープンに話すことができる。自分はこんな人間であるということを明らかにしているから、部下もそんなリーダーとの間の距離をはかりやすいのだ。部下が自分と近い人間と感じてくれるなら、近づいてくるだろうし、そうでなければ、一定の距離をもって接してくれる。好き嫌いという感情を抜きにして一緒に仕事がしやすくなるのだ。反対に、自分のことを話さないリーダーはやはりとっつきにくい。ここで誤解してほしくないのは、何でもかんでも話すのも良くないという点。部下に対して、もっとも効果的だと思えるポイントをオープンにして、うまく指導にいかそう。

第10講義 ブレイクスルー理論

部下が成長するきっかけを作る

部下を成長させることは、リーダーの最も大事な仕事である。

だが、いざ成長させるといっても、一朝一夕にできることではない。

リーダーによっては、部下の育て方を考えてみたものの、

自分がそもそも誰かに教わって成長したわけではないということに気付いて、

成り行きに任せようとすることも多い。
自分の成長過程を踏ませたがるのも、その一例だ。実際、何をしたら仕事を覚え、自分ひとりで仕事ができるようになるかは、何か方程式があるわけではないので、リーダーは悩んだ挙げ句、自分が昔、やった仕事を任せてみる。
その利点はもちろんある。どんな壁があって、どんな風にぶつかって、どうすればそれを越えられるかを、リーダーはすでに経験済みなので、部下に対するアドバイスも的確になるだろう。

しかし、第5講義で触れたように、リーダーは過去の美化曲線によって、自分の過去を実際よりも2～3割増しで良くみているので、部下のことを
「あかんな～。俺のときは、もうちょっとよく出来たと思うけどな～」
ということを素で考えたりもする。

そこで、リーダーは考える。

「獅子は我が子を千尋の谷に 突き落とすっていうな……」

そして、部下の実力をオーバーしたような仕事をポンと任すのだ。

「え？　無理ですよ。これ僕ひとりでやるんですか？」

「そうだよ。俺のときもそうだったんだから。まぁ、なんとかなるよ」

☆「俺のときもそうだった」というのは常套句である。「まぁ、なんとかなるよ」に根拠はない。

それで、実際にその仕事を行うと、やはりうまくいかず、リーダーに泣きつくことになる。

「やっぱり、できません！」

リーダーはそれを待っていたかのように、「だろう？」と、その仕事のやり方を手取り足取り指導して、やらせるのだ。

意地悪なリーダーは、こういうことをよくする。

リーダー曰く、

「ほら、**無理矢理にでもやらせないとブレイクスルーしないっしょ**」

これまでのリーダーは確かにこれで良かったのかもしれない。自分の成長過程を踏ませて、ちょっとキャパオーバーの仕事を振る。そして、部下は自分の無力さを知り、仕事に対する学ぶ姿勢を強化していく。やや乱暴だが、部下の側もそれを当然のこととして受け止めてきた。

しかし、これからの時代のリーダーは、このような投げっぱなしジャーマンのような仕事の振り方をしたら、きっとあとで手痛いしっぺ返しを食らうことになるだろう。

「やっぱり、無理でした。自分の力不足を痛感しました。この仕事は向いてないかもしれません。お世話になりました」

……待っているのは突然のお別れ宣言である。

このような事態に直面して、途方にくれてしまったリーダーを何人も見てきた。私にも心当たりがある。私からできるアドバイスは、至極簡単なことだ。

どうすれば、部下を成長させるくらいの適度のストレスを与えるような仕事を振ることができるか？

それには、たったひとつでもいいので、彼らに何か武器（心の拠り所）を持たせてからビジネスの戦場に出してやるべきといえるだろう。

たとえば、大事な取引先相手のプレゼンを新人の子に振ったとしよう。

プレゼン直前にリーダーは新人の部下に寄り添って、言う。

「いいかい、ここに書いてあることを、そのまま読めばいい。余計なことを考えるな」

「でも、それじゃ、この商品の良さが伝わらないかもしれないじゃないですか」

「大丈夫。この商品はお前のプレゼンで良し悪しが左右されるほど、ヤワじゃない。採用にならなかったら、それは商品の責任だ。お前の責任じゃない」

部下にだって仕事の軽重の判断はつく。彼に持たした武器は、「ただ読めばいい」という安心感。ここまで言われたら、部下は間違えずにプレゼンすることに集中するだろう。

そうして、小さな成功体験を作ってあげて、それを共有し、次のステップを徐々に示すことが、これからのリーダーには必要なことである。

一般的に部下への仕事の振り方というのは神経を使うことだが、この講義で取り上げたように、そのまま仕事を投げるリーダーも散見する。オンザジョブトレーニングと横文字で格好よく言う場合もあるが、要は「やりながら覚えろ」ということである。このやり方はストレスが大きく、多くの若い新人が挫折してしまう。いつでも若い新人が確保できる時代ならいざ知らず、現代はブラック企業問題などで話題になった企業には新人が寄り付かないような時代でもある。根気よく新人を育てていくことでしか、企業やチームの成長はない。ひとつだけ武器を持たせることで、部下に最初のストレスを減らし、成功体験を意識的に作らせることができるのだ。

第11講義

当たり前が当たり前じゃない問題

部下への正しい仕事の任せ方

あなたが新人の部下に仕事を任すとき、何に注意して仕事を任すだろうか?

ここまでの講義を受けてきた読者諸君ならば、きっと新人の部下の程よいタイミングを見計らって、適切な言葉で依頼をするに違いない。

「○○ちゃん、時間の空いたときでいいから、これ、やっといてもらえるかな」

その仕事がどんな内容であっても、リーダーである、あなたの思いは、

「**1個ずつ仕事を覚えてもらって、ゆくゆくは1人前に育ってもらおう**」

という善意からなっているに違いない。


そもそも〝仕事を任す〟というのは、ある程度の評価のあらわれなのだ。任せても大丈夫だろうな、という予測がたたなければ、その部下に仕事を任さないだろう。

一定以上の評価をしているがゆえに、あなたは任すときにこう考えるはずだ。

「あまり、アレコレ口出しをすると、**何か信用してないみたいだから**、とりあえずは部下に任せて、やらせてみよう」

残念ながら、このような考え方をしていると、あなたの期待は見事に裏切られることになる。

部下から、その仕事の経過について報告があったとき、

(あ〜、ココが間違えてる。わ、ココもだ。あれ、まだ任せるのは早かったかな?)

正直、部下になんて叱責をしたらいいのか、わからないレベルのものがあなたの目の前にある。その時、あなたならどうするだろう?

しかし、こうなることは初めからわかっていたことだ。

なぜなら、あなたは部下に仕事を**丸投げ**したのだから。

あなたはきっと反論もあるだろう。だって、今まで自分の横で同じような仕事も見てきたはずだし、これくらいできて当たり前なんだから、少し考えればわかるはずなんだから……。


ストップ！

先ほども話したが、自分のものさし（基準）で、部下を見ることはNGである。まずは、「あなたの当たり前が当たり前じゃない」という事実をよく知るべきだろう。


たとえば、翌朝8時出社という指示が出たとしよう。

この場合、左のような考え方がある。

A〜Dの人物それぞれの常識はてんでバラバラだ。

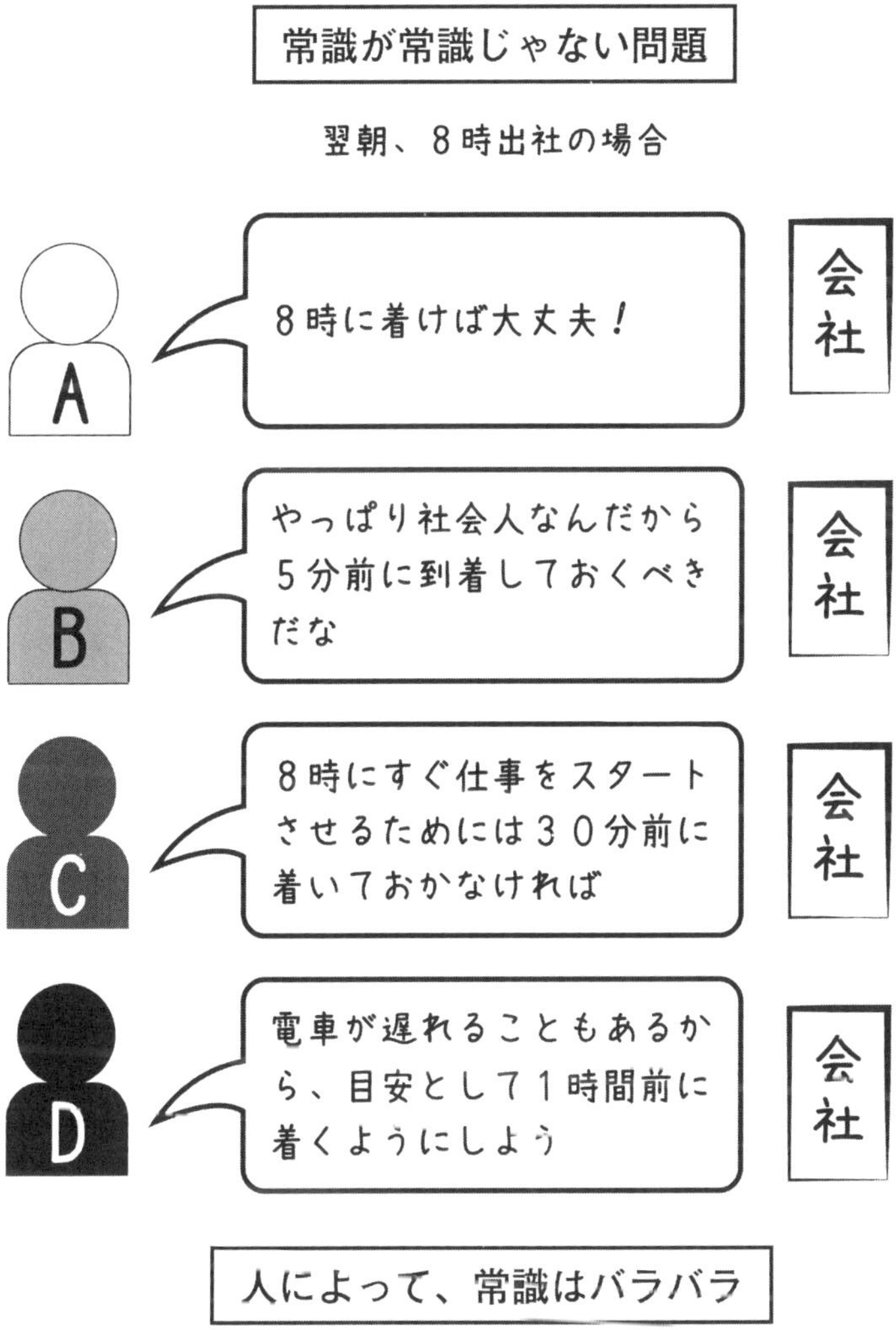
常識が常識じゃない問題
翌朝、8時出社の場合
8時に着けば大丈夫！
会社
A
やっぱり社会人なんだから5分前に到着しておくべきだな
会社
B
8時にすぐ仕事をスタートさせるためには30分前に着いておかなければ
会社
C
電車が遅れることもあるから、目安として1時間前に着くようにしよう
会社
D
人によって、常識はバラバラ

それなら、この中の**リーダーの常識に合わせるのが常識だろう**、と読者諸君は思うかもしれない。

確かにその通りだ。しかし、そのためにリーダーははっきりと、

「明日は8時出社だから、8時に仕事を始められるように7時半に来よう」

と指示を伝えなくてはいけないのだ。

「え～。マジですか？」

という部下の反応はあるだろうが、あなたが勝手に常識だと思っていることを、後から告げられるより、部下たちもマシだろう。すべての人の常識が違う以上、そうしないといけない。

話を元に戻して、仕事を部下に任すとき、あなたはそれができているだろうか？

仕事を任すと言いつつ、丸投げの状態で部下に手渡し、その経過を見て一喜一憂していたのではないだろうか？

丸投げでは、リーダーが求めているレベルを部下は絶対にクリアできない。

部下に仕事をひとりでやらせる場合は、部下に同じイメージを共有させるくらい事

細かに説明する根気が必要になるのだ。

このことを実感したのは、自分が飲食業界に入りたての頃だ。私は23歳のときに飲食業界に入った。最初に入った店の厨房には、怖い40代くらいの板長がいた。しばらく皿洗いなどの雑用をやった後、

「キャベツの千切りからいっとくか」と初めての包丁仕事を頼まれた。

「は、はい！」

初めて包丁を握らせてもらって仕事ができる喜びで興奮した。

しかし、そんな喜びも束の間だった。

「なんや〜。こんなキャベツの千切り見た事ないで。お前、ウチの料理運んでて、ちゃんと見とらんかったのか！」

板長は、切ったばかりのキャベツの千切りを掴んで投げんばかりに激怒した。

「あかんわ、あかん。ホンマ何もできんやっちゃな〜」

結局、またしばらくホールと厨房の雑用係に逆戻りした。その後、板長は、私がちゃんと真面目に仕事を覚える気があるのか観察してたように思う。

包丁仕事をちゃんと教わったのは、そこから約1年後のことだった。

当時はそんなもんか、とも思ったし、板前修業の厳しさを知るエピソードとしてはありふれたものだ。

しかし、店を経営&コンサルする立場になって気付いたことがある。

あの1年、俺、ムダだったな……。

厨房をひとつのチームとして捉えたら、リーダーは板長で、部下は私だ。

リーダーは、**自分のイメージや常識を私に伝えずに**、仕事を覚えさせようとし、なかなか覚えられない私を仕事中ずっと怒鳴りっぱなしだった。

当然、板長の前では、萎縮してしまって、ますます仕事どころでなくなった。何度辞めようと思ったかわからない。実際、自分以外のスタッフで、3ヵ月以上残る人間は稀だった。

板長は、去って行く若者を見るたびに吐き捨てるように言っていた。

「最近の若いもんは使えん奴ばっかりやな」

これは昔の話だし、板長も人一倍口下手だったのかもしれない。しかし、経営者から見たら、実際に**使えんのはこの板長だ**。お店はスタッフが居着かず、お店の運営費がかさみ、うまく回らないようになっていった。そして、店から活気も失われて次第に寂れていった。

4年後、私は独立をして1店舗のオーナーとなった。厨房で覚えた技術は役に立ったが、オーナーである以上、厨房でずっと料理を作っているわけにもいかず、スタッフに料理を覚えてもらうことになった。最初は、私も教えるのは初めてだったので、あの板長と同じ轍を踏んでしまった。

「ええか、ちゃんと目で見て真似したら、ちゃんとできるようになるから」

しかし、それで自分のイメージした通りのものができることはなかった。

思い悩んだ私は、とにかく言葉で懇切丁寧に説明することにした。

「ええか、キャベツの千切りは、厚さはこんぐらいや。そして、この長さ。それを大量に作るには、この角度でこうやって包丁を構えて、このスピードで切っていくとうまくいく、ちょっとやってみ?」

若い人間というのは驚くくらい柔軟だ。聞く姿勢がちゃんとできれば、乾燥したスポンジのように教えたことを吸収していく。

教える態度と教わる姿勢が、うまくマッチしたら覚えられない仕事はない。それは飲食業界にかぎらず、いろんな業界を見聞きしても思うことだ。

部下に書類仕事を頼むとき、お客様の対応を頼むとき、あなたは、部下に何をすればいいのかをちゃんと伝えているだろうか。部下の失敗待ちをして、成長させようと思っていないだろうか。本当は、リーダーも部下もストレスなく、仕事を覚えられる方法があるのに、それをしないのはリーダーの怠慢だ。

ここまで読んで、リーダーの中には、「**そこまでやらなきゃいけないの？**」と感じている人間もいるかもしれない。

では、リーダーは何のために存在するのか？

チームを同じ方向に向かわせて、部下を成長させることがリーダーの役割である。

労を惜しむな。

部下を叱るときに言いがちなNGワード集

「ちゃんと見てた？」	部下は意外なほどあなたのことを見てない。あなたが気をつけているポイントなどは、ちゃんと言葉にして伝えること。
「俺の言った通りにやってないじゃん」	そもそも、ちゃんと言ってないことが多い。部下が何をすればいいのかをビジュアルでイメージできるぐらい的確に伝えること。
「考えればわかるでしょ」	経験があれば、考えればわかるが、経験がない部下は、考えてもわからない。
「こんな簡単なこともできないの？」	ただ傷つけるために使われる言葉。疑問なのか質問なのかわからず、答えに困る意地悪な言葉。
「仕事できないね」	部下のやる気を失わせる言葉。仕事を教えるのはリーダーの役割。

部下への仕事の振り方第2弾である。

リーダーは任せて終わりではなくて、最後まで面倒をみなくてはいけない。その時にぶつかるのが、常識が常識じゃない問題だ。常識は徹底して言語化する努力がリーダーには必要である。部下はただでさえ新しい仕事に接するときは、考える余裕がない。そんなところに「これ、常識でしょ。少し考えればわかる」と言っても何の意味もないことはわかるだろう。リーダーに必要なのは、少しの忍耐力とイメージしていることを言葉にする力だ。同じゴールを部下とリーダーで共有すれば、お互いストレスなく仕事を教え、教わることができる。

第12講義

リーダーの心が折れちゃう問題

リーダーの心が折れないようにするには

リーダーは大変な役割だ。

人間だから心が折れることだってある。

部下のご機嫌も伺いつつ、さらには、チームとしての仕事の責任を負わなければいけない。ついつい、数字に目がいきがちになって、部下に辛く当たってしまうことだってある。そうしたら、すぐに部下達はやる気がなくなってしまうから、後からちゃんとフォローもしないといけない。日本のほとんどのリーダーは、そんな気苦労を抱えている。

私はチームビルディングの専門家なので、職業柄、そんな疲弊したリーダー達を数多くみてきた。

私は、チーム再生を依頼されて、企業のチームのミーティングに参加することがある。そこで聞くのはいつも同じ質問だ。

あなたにとって理想のチームとはどんなチームですか？

そこで出てくる意見は様々だが、だいたい次の4つである。

・結束力がある
・風通しが良い
・意見の交換などが活発だ

・チームがみんな同じ目標を持っている

そして、私は次の質問をする。

それでは、理想のチームが100点だとすると、あなたの現在のチームは何点ですか？

この質問に対して、リーダーたちは顔を俯きながら答える。

だいたい20点～40点が平均だ。リーダーたちの多くは、現状に不満を抱いているが、何もしていないわけではない。彼らは口を揃えて言う。

「自分なりに努力してるつもりなんですが……」

「いろいろやってみたんですが、無理でした。**自分にはリーダーは向いてないと思います**」

「部下たちをまとめようと飲み会を企画したりもしたんですが、イマイチな反応でした」

「自分はもう諦めました」

だいたいこのように言うリーダーたちは真面目なタイプが多く、先輩リーダーたちにもちゃんと相談もするし、いわゆるリーダー本に書いてあることを愚直に実行するタイプでもある。

しかし、世に出ているリーダー本をそのまま真似をしたからといって、成果が上がるとは限らない。その本の著者にとってはうまくいくことかもしれないが、現在の自分に置き換えられない場合も多いからだ。

また、先輩リーダーがうまくいった方法がうまくいくとも限らない。そのやり方は、やはり先輩リーダーのパーソナリティでうまくいった方法かもしれないからだ。

以前の講義でも軽く触れたが、陽と陰のリーダーシップというものがある。世間では陽のリーダーシップ（明るくみんなを励ましながら、チームをまとめる）のみがリーダーシップの本質であると言われることが多いが、実はそんな陽のリーダーシップ

リーダーに必要な要素

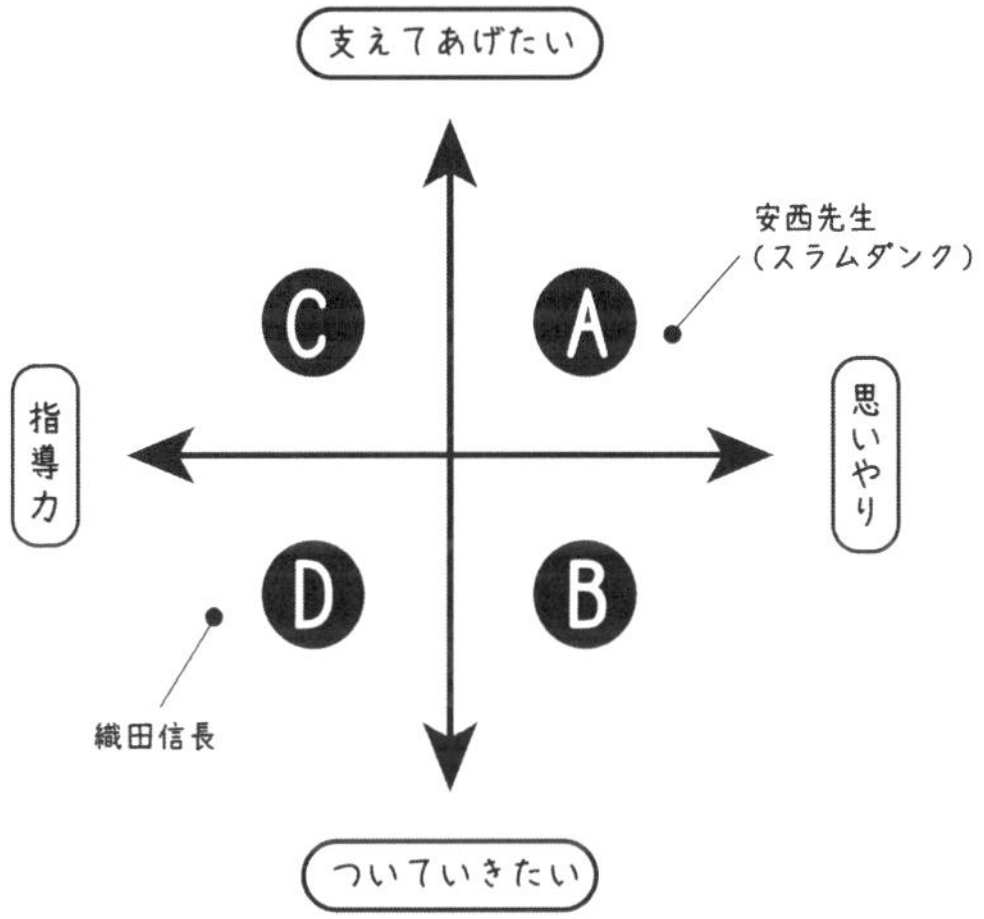

精神を持っている人間はとても少ない。

私は多くのリーダーを見てきているが、陽のリーダーシップを持っていなくても上手にチームをまとめているリーダーも存在する。

こちらに4つのポイントでリーダーに必要な能力をまとめたグラフを作ったので、見て欲しい。

自分が4つの枠の中で、どのリーダーに当てはまるか考えて欲しい。すべてのリーダーがついていきたいリーダーを目指す必要はないのはこのグラフを見てわかるだろう。

ちなみに、私が独自でスタッフたち

に取ったアンケートによると、どんなリーダーが良いか？という質問に対しては、「支えてあげたいリーダー」というのが、一番人気だった。

A、**コミュニケーション型支えてあげたいリーダー**
・強い自己主張はないが、思いやりでチームの面々を気遣い、まとめるタイプ
B、**コミュニケーション型ついていきたいリーダー**
・チーム内の意見がひとつにまとまるまで、納得するまで話し合うタイプ
C、**指導力型支えてあげたいリーダー**
・自分の考えをすべてオープンにして話し、悩みや葛藤も共有するタイプ
D、**指導力型ついていきたいリーダー**
・全員が同じモチベーションを持つように激励を繰り返すタイプ

このように世の中に存在するリーダーにはいろいろなタイプが存在する。だから、部下をまとめられず、指導できないとしても、がっかりしないでほしい
それは、**あなたに人望がないからではなく、やり方があなたに合っていないか**

つただけかもしれないのだ。

本来は、指導力型であるのに、コミュニケーション型のようなリーダーシップの取り方をしていたら、やはりストレスだろう。

リーダーの心がたまに折れてしまうのは仕方ないことだ。「部下に何を言っても響かない」、「指示を実行してくれない」など、ほんとに些細なことでリーダーの心はポッキリ折れてしまう。直接そんな不満を伝えられないため、わざと感情を押し殺したり、スケジュール管理しかしないと割り切るリーダーもいる。しかし、自分に合ったやり方を試して、それがハマったときに一番メリットがあるのはリーダー本人なのだ。

何より、まず自分が楽しくなる。チームでひとつの役割を全うして、チームが活性化し、前向きに仕事ができる環境を手に入れることは、リーダーにとって最上の喜びである。

自分に合ったリーダーシップの形を見つけるのは、長い時間がかかるだろう。しかし、繰り返し自問して、自分にあったリーダーシップの形を見つけてほしい。

自分がより自然体で、部下と接することができるリーダーシップの形を見つけることができたら、部下とリーダーの間の溝も埋まりやすい。リーダーという仕事は、長期的な視点にたてば、驚異的に自らを成長させることができるくらい葛藤の多い役割である。しかし、文中で触れたように、感情を押し殺してリーダーをやっていたら、辛いばかりで成長は望めない。

第13講義

一貫性を持つなんてできるわけない問題

部下に一度お願いした仕事を上手にキャンセルする方法

リーダーたちを不自由にしている問題のひとつに、

「リーダーは一度決めたことをホイホイ変えてはいけない」

という不文律がある。

私も、第1講義の例で困ったリーダーの典型として取り上げた手前、これは全否定できない。

だが、チームでやる仕事において、一度決めたことをずっと変えずにいられるだろうか？　少し考えればわかるが、そんなことができるわけない。

仕事というのは、うまくいくこともあれば、うまくいかないこともある。

だが、多くのリーダーたちは、一度決めたことを変えてはいけないという不文律のもと、葛藤を抱えることになる。

あれ、
Aの方がいいと
思ったけど
Bの方が
正しかったかも
しれない
う〜ん、どうしよう
もしここであっさり変えたら、
きっと自分に対する信用が落ちてしまう
よし、ここは変えない方向で！

右のマンガが**一番ダメなパターン**である。ビジネスの現場において、巨大組織ほどこのような事態に陥ってしまうと言われているが、それは小さなチームでも同じことだ。間違っていると思われることをやらされ続ける部下の身になって考えてもらいたい。

このような思考パターンに陥ってしまうのは、リーダーが指示を変更した結果、自分の指示を今後ちゃんと聞いてくれないのでは？　という恐怖にかられるからだ。

だが、間違った指示を出しっぱなしでも、それは同じことである。

だったら、どうすればいいのか？

それは結果だけでなく変更に至った思考のプロセスを話すことで解決する。

思考のプロセスを話すことは、リーダーの胸の内を話すことであり、最初は抵抗があるだろう。

ダメなリーダーは、指示をやむなく変更しなくてはいけなくなったとき、変更した結果しか話さない場合が多い。

「Aがいいと思ったけど、やっぱりBに変更します！」（結果）

その場に居づらいリーダーはさっさと部下たちを仕事に戻らせる。これでは、部下たちの心は、モヤモヤしたままだ。その気まずさはその後も尾を引くだろう。

しかし、良いリーダーは、思考のプロセスを話す。

「Aがいいと思ったのは、予算とスケジュールを見て、一番効率的だと考えた結果だが、予想外に障害があることがわかった。これはやってみなくてはわからなかったことだ。そこで、Bを再検討して、再度、一からトライしてみることにした。Bにも予算とスケジュールを当てはめて考えたが、ギリギリ期限までにできる予測がたった。ここまで頑張ってくれたメンバーの人たちには、また一からやらせることは忍びないけど、一緒に頑張ってほしい」**（思考のプロセス）**

ここまで話されると部下も**ホイホイ変えてるわけじゃないんだな**と、わかって、リーダーに対しての信用問題には発展しない。

結局のところ、多くのリーダーが勘違いしているのは、部下がリーダーに対して信用をなくす場合というのは、「一度決めたことを変更すること」ではなくて、思いつきで「**ホイホイ変えること**」なのだ。

だが、ここまで講義を聴いて、次のようなシチュエーションを思い浮かべるリーダーもいるだろう。リーダーの上にさらに上司がいる場合、突然仕事が振ってくることがある。

「千部チラシ作るから、そのデザインと文面練っといて。来週までに」

リーダーは、それが得意そうな部下に仕事をお願いする。

部下はその指示を守るべく、来週と言われた期限を守るために、必死に作り上げる。

そして、なんとか締切を守って上司にそれを提出したところ、

「あ〜、それもう、**いらんようになった。悪いな**」

「え〜!!!!」

完璧に予想外の事態発生である。

あなたなら、どうする？　この上司と同じように「悪いな」と一言で済まして、上司の理不尽さに怒るフリをみせながら、部下を慰めるだろうか？

困ったリーダーは上司に責任転嫁をして終わりだろう。

だが、考えてみてほしい。

その部下は、そんな小手先のことを求めているだろうか？

あなたがやることはたったひとつである。

部下の仕事の成果物を両手で受け取り、

「ありがとう、今回の仕事では、よく期限を守ってくれたね。その頑張りはちゃんと見てました。今回はこれを使う機会はなくなったみたいだけど、きっとこれは後々に役に立つよ。チラシじゃなくても、ネット広告を出す機会もあるだろうし。だから、このチラシはそれまで僕に預からせてほしい」

そう言って、うやうやしくチラシを受け取り、ファイリングするのだ。なんだったら、それをチームスタッフが共有できるように、みんなが見える位置に貼ってもいいだろう。

やってもらったことへの感謝を忘れず、頑張りを評価する。

実際のところ、部下は採用されないことよりも、自分の成果物を大事に扱われないことに憤りを覚える。

単純なことでも、これを実行するのとしないとでは、大違いだ。

リーダーの心得として、「命令は首尾一貫させるが、朝令暮改を恐れない」というものがある。指示や命令は一度出したら、よっぽどのことがなければ、変えてはいけないが、変えなければいけない状況になったときには躊躇なく変更しなくてはいけない。この矛盾をリーダーは心の中に受け入れる必要がある。部下からの評判を気にするあまり、指示を変更できないリーダーも大勢いる。そして、部下の気持ちを大切に扱うこと。変更をするなら、それまでの頑張りをちゃんと評価する姿勢が最も大切なのである。

第14講義

部下が突然やめると伝えてくる問題

部下の辞める気持ちを引き止める方法

「すいません、リーダー、お話があるんですが……」

神妙な顔で部下に「話がある」と言われて心穏やかでいられるリーダーはいないだろう。

予想できる部下からの相談としては、

・チームをやめたい
・親が介護が必要な病気になった

この2択しかない。

「この2択だけ？」「しかも、意味としては、ほぼ同じ」と思うかもしれないが、それくらいの心づもりで部下からの相談には望んだ方がいいだろう。

しかし、だいたい予想は悪い方が当たる。

「あの〜大変申し上げにくいんですが、チームを離れたいと思っているんです」

やっぱり、あ〜。

「理由は何？」

「実は、独立を考えていて……、その準備をしようと考えています」

ここでリーダーは、引き止めるか、潔く見送るか、の選択に迫られる。

よく世間一般では、本人の意思を尊重して、潔く見送ることが最も良いと思われているが、私は、必要なメンバーであるなら、引き止めることをオススメする。幸いな

チームを辞めたい理由

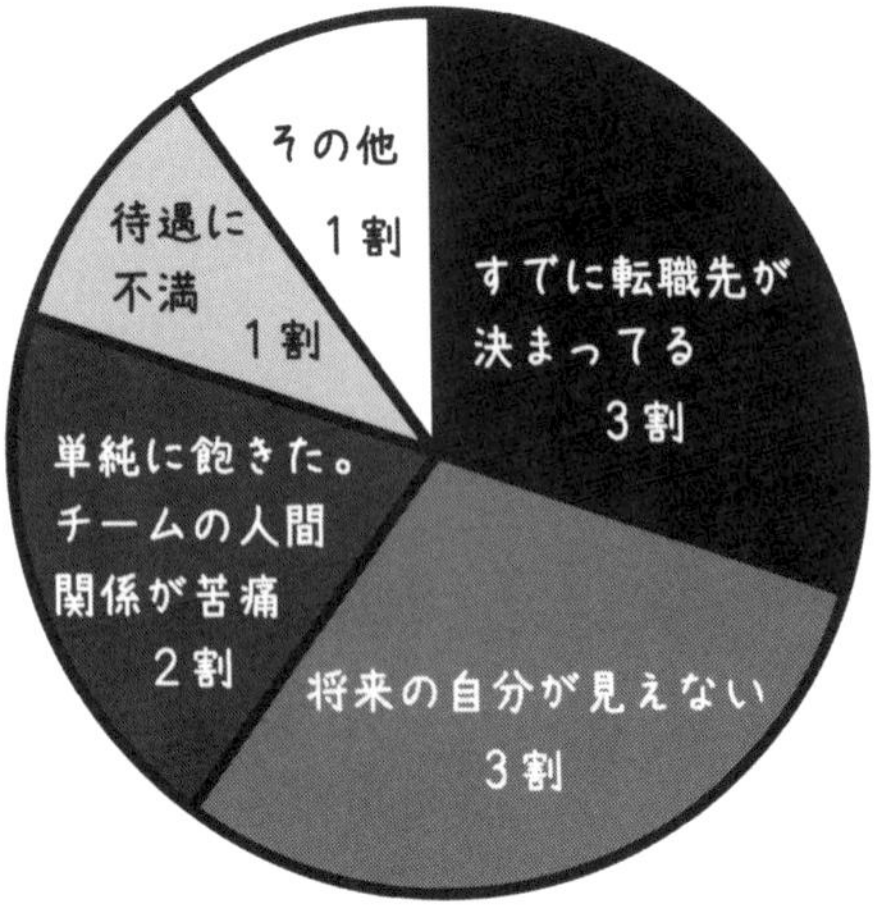

ことにこの場合は、「親が介護が必要な病気ではない」点に一筋の光明を見いだせる。

まず、あなたが認識しておきたいのは、なぜ部下がやめると言い出したのか、という点である。あなたは、部下を責めずに、自分のチームがその部下を引き止めるだけの魅力がなくなっていることを認めよう。話はそこからだ。

チームに所属する人間が、チームを単純にやめたいと言い出す理由は、あまり多くない。

だいたい、上の円グラフに書いた通りだが、これを見て何かを思い出さな

女性が恋人を振る理由

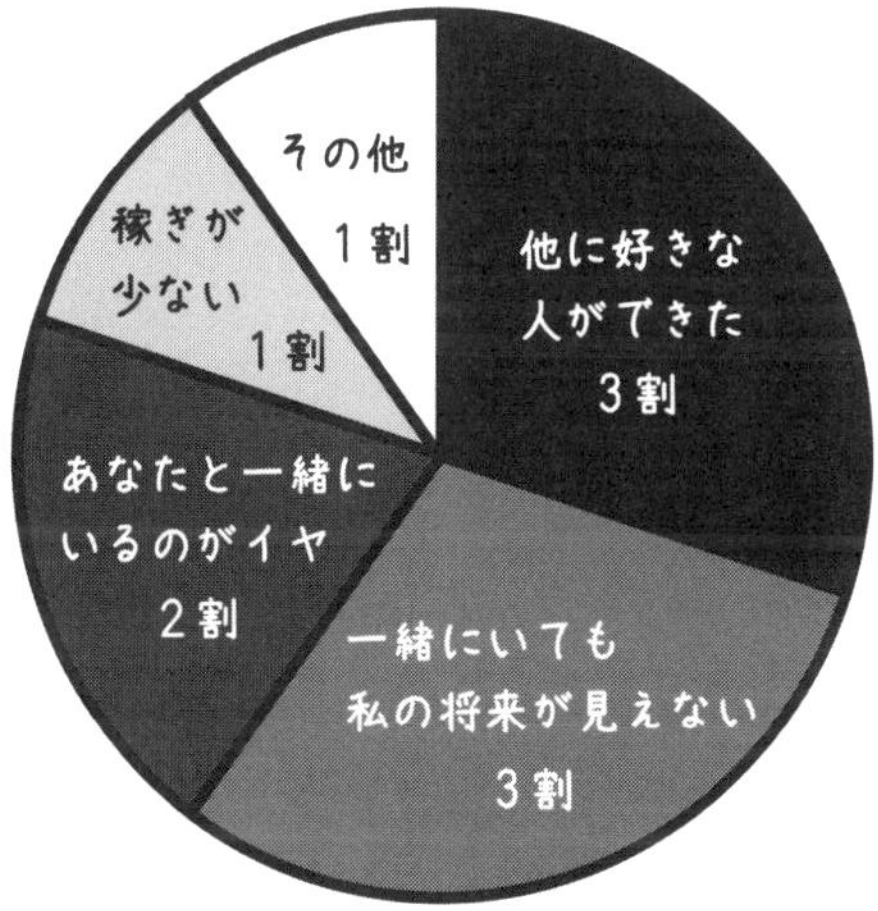

いだろうか。

そう。

男が女に振られる理由だ。

蜜月なときは、あんなにラブラブだったのに、いざ不安に陥ると女性はあっという間に冷める。そのとき、女性側に言われる理由は上の通りだ。

ここまで酷似していると、やるせない限りだが、チームも男女関係も同じであるなら、男女関係に喩えることで、リーダーの取るべき行動が見えてくるだろう。

○すでに転職先が決まっている

類似例◉他に好きな人ができた

はっきり言って、かなり分が悪い。もう別れを告げているということは、心の中では、相手方にかなり傾いているだろう。ここで大事なのは、うろたえないことだ。そして、自分が相手のことを本気で愛しているということを伝えよう。自分にとって相手がどれくらい大事で、いないと心にぽっかりと大きな穴が空いてしまうと、最後は情に訴えかけるしかない。（成功確率10％）

○将来の自分が見えない

類似例◉一緒にいても私の将来が見えない

先ほどに比べると、まだ望みはあるだろう。相手は日常の生活の中に埋没してしまうような感覚にとらわれている。「この人と一緒にいても、結婚してくれないだろうな～」と思っているかもしれない。だから、ここは腹をくくって、

「ごめん。今まで黙ってたけど、実は○○ちゃんと結婚したいと思っている」という爆弾級の台詞をぶちこむべきだろう。将来が見えない人間に提示するのは、ヴィジョンである。自分のことをどう思っているかわからないから、不安になるのだ。（成功確率50％）

○単純に飽きた。チームの人間関係が苦痛

類似例◉あなたと一緒にいるのがイヤ

個人として嫌われているのであれば、ほぼ、ジ・エンドである。だが、もしも、自分以外の理由であれば、まだ説得の芽はある。しかし、その理由を取り除くことが絶対条件だ。もしも、それが自分の母親との別居等、なかなかヘビーな要求であれば、男としては、相手と母親を天秤にかけることになることは覚悟しなくてはいけない。気持ちが落ちている人間に対しては、快適な環境を用意することでしか引き止められないだろう。（成功確率10％）

○待遇が不満
◉あなたの稼ぎが少ない

お金で解決できるなら、できるかぎり稼ぎを増やすことを約束しよう。

しかし、金銭欲には際限がないので、度が過ぎる要求の場合は、その期待に応えられないことを正直にいうこと。その上で、自分が用意できる一番良い条件を提示することが、最も誠実な対応だろう。額が少なくても誠実であれば気持ちが動かされることが稀にある。（成功確率50％）

男女の機微と同じく、「部下が突然チームをやめると伝えてくる問題」は、デリケートに扱わなければ、あっという間にお別れという事態になってしまう。一時の気の迷いなのか、計画的なものなのか、それによっても大きく異なるが、リーダーとしては、相手の人生に踏み込んででも止めるべきである。どちらにせよ、相手はどこかで働く（誰かと付き合う）わけで、それが自分のチームなのか、他のチーム（他の男）なのかは、長い人生においては大きく違いを作るわけではない。相手の可能性を狭めるのでは?などと考えないで、「今、君の力が必要なんだ」と力強く胸を張って言おう。この時点で決めるのは部下の方である。

部下がチームを離れたいと言ったとき、その理由をよく聞いてほしい。その理由が部下が抱えている問題なのか、チームの問題なのか、によって、リーダーの対処の仕方は変わる。

やめると言ってるのに、引き止めるのは気が引けるというリーダーもいるかもしれないが、それは相手を引き止めるのに、自分側に引き止めた責任が生じるのを避けているだけだろう。リーダーにはチームを改善する責任がある。まさに別れ話をされた男のように、今後のチーム運営を改善していく気概を見せなければいけない。

第15講義

部下がミスをしたらかばうのか問題

部下が叱られている場面に遭遇したら

部下がミスをした！　どうやらお客様を怒らせてしまったようだ。

今、激しく叱責を受けているようだ。リーダーであるあなたは、すぐに飛んで行って部下の前に立って言う。

「すいません。手前どものミスでお怒りさせて申し訳ございません。私が責任者ですので、お怒りの内容は私のほうで承らせていただきます。部下の教育が行き届かず、本当にご迷惑をおかけしました」

はっきり言って、このような応対はリーダーとしては、**0点**である。

あなたは何を間違えているのか気付いただろうか？

「部下のミスは、上司の責任」という言葉を否定するつもりはない。

問題は、みすみす部下が叱られるチャンスを逃してしまったことだ。

私は、こういう場合、部下をあえてかばうことはせずに、黙って**一緒に叱られる**ことにしている。

そして、よくよく考えたら、この立場が**かなりオイシイ**ことに気づく。

リーダーの大事な役割のひとつに「部下を叱る」というものがあるが、これが得意だというリーダーはそんなにいない。そして、普段、可愛がっている部下の場合は、なおさら叱りづらい場合もあるだろう。

それを、他人があなたに代わって叱ってくれているのだ。

また、これは第8講義で述べた「チャンネルを変えよう」理論の応用でもある。普段とは違うチャンネルから届く声は、直接身にしみやすい。よく知っているあなたに叱られるのと、全然知らない人に怒られるのは、心の届く場所が違う。受け取り方は人それぞれだろうが、全然知らない人に怒られる方が、関係性のフィルターがかかってない分、より正直な意見ととらえることもできる。

このように良いリーダーは部下をかばわないで、一緒に叱られる。

旧来のリーダーのように「自分の責任です！　怒るなら自分に怒ってください！」というのは、自分が**ええかっこしたい**だけということをわかっていただけただろうか。

自分が叱らなくてすんでラッキーだと再確認するのは、先方の怒りを収めて、チームの時間になった後のことだ。

「今日は大変だったな。でも、あの人が怒ったポイントってわかる？」

「僕は、正直に言っただけですよ。だって間違いがあったからそれを指摘しただけなのに」

「まあまあ、正直だけでは、カドが立つことがあるということだな」

「はい、勉強になりました……。リーダー、いつも言ってくれてましたもんね。相手を見てモノ言えって」

「あんま、褒められた指導じゃないけどね（笑）」


自分が叱る立場だったら、こんな和やかな雰囲気で話すことはできないだろう。

こうして、部下が叱られたとき、それを部下の成長するチャンスに変えることができたら、素晴らしいリーダーと言える。


リーダー自身が部下を成長させるわけではない。部下は仕事を通じて、自らを省みながら徐々に成長していく。部下が叱られるチャンスを摘んではいけない。

部下が叱られているのを見たら、一緒に叱られる。これを部下を指導するチャンスに変えるという意識が、リーダーとしては必要である。反対に、部下をかばい「大変だったな。ああいうときもあるから気をつけような」といって、部下が叱られたことをうやむやにしてしまい、リーダーとしての器を見せつけるようなリーダーを多く見かける。それは一瞬だけの優しさであり、部下のことを思った態度ではないので、今後は慎むべきだろう。

第16講義

チーム内の空気が悪い問題

チーム内の空気を変えるには

「チーム内の空気を変えたい」という相談を時折受ける。

私の経験からすると、チームの悪い空気を変えるには、相当の忍耐と覚悟が必要である。

その心の準備を整えてから、この講義で話すことを実行してほしい。

初めに空気について説明しよう。

空気とは、目に見えない何かではなくて、チーム内に渦巻く感情を指す場合が多い。当然、リーダーだけが、そのチームの空気を作っているわけではなく、いろいろな人間がいるなかで、喜びや友情、嫉妬や羨望、怒り、ムカつき、好意、悪意などの感情がチームの空気を作っている。チーム内のメンバーの顔ぶれが安定していると、どうしても人間関係的な部分も出てくるので、それを変えるのは至難のわざだろう。メンバーの年齢が同じくらいであれば、なおさらである。

私がチーム再生のために携わったチームでは、チーム内で悪感情が渦巻いている場合が多かった。ひとりかふたり、嫌われ者の人間を作り上げてみんなで悪口を言い合うパターンや、主要メンバーの何人かが、感情のもつれから、犬猿の仲である、などだ。

リーダーの本音をいうと、

「仕事なんだから、そういうのはやめてほしい」

空気が良いチームの場合

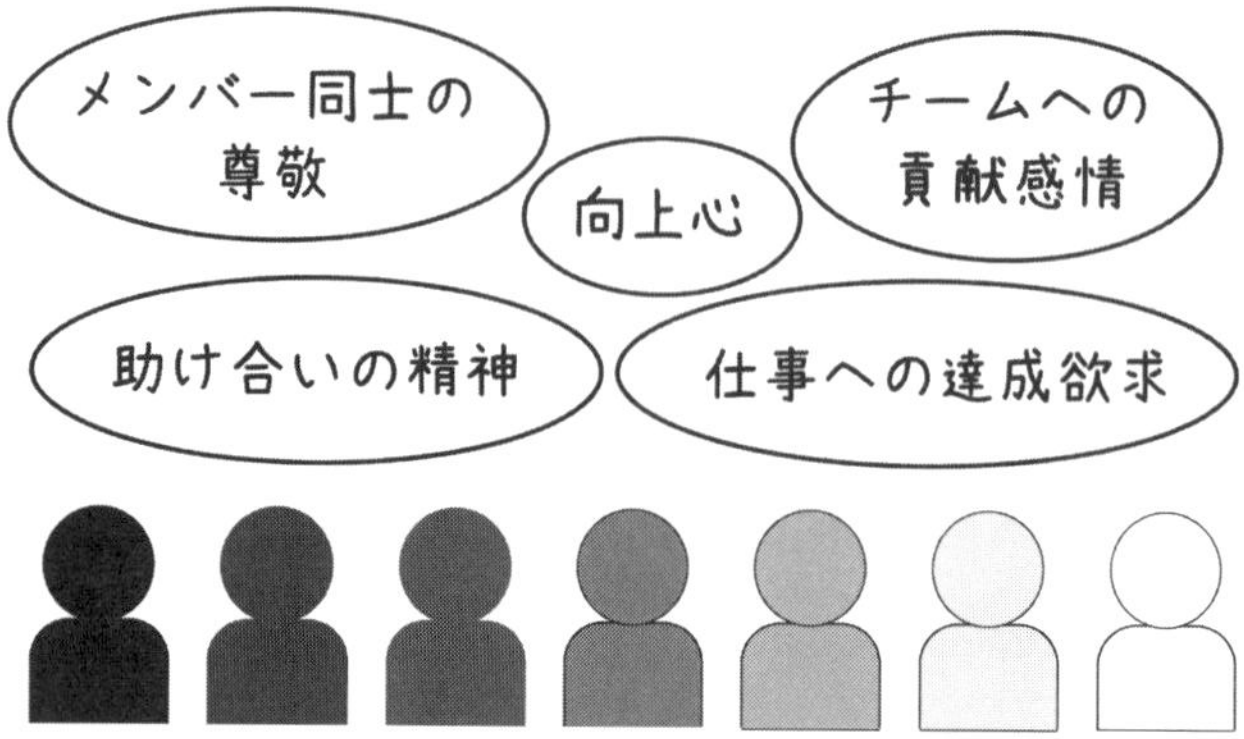

空気が悪いチームの場合

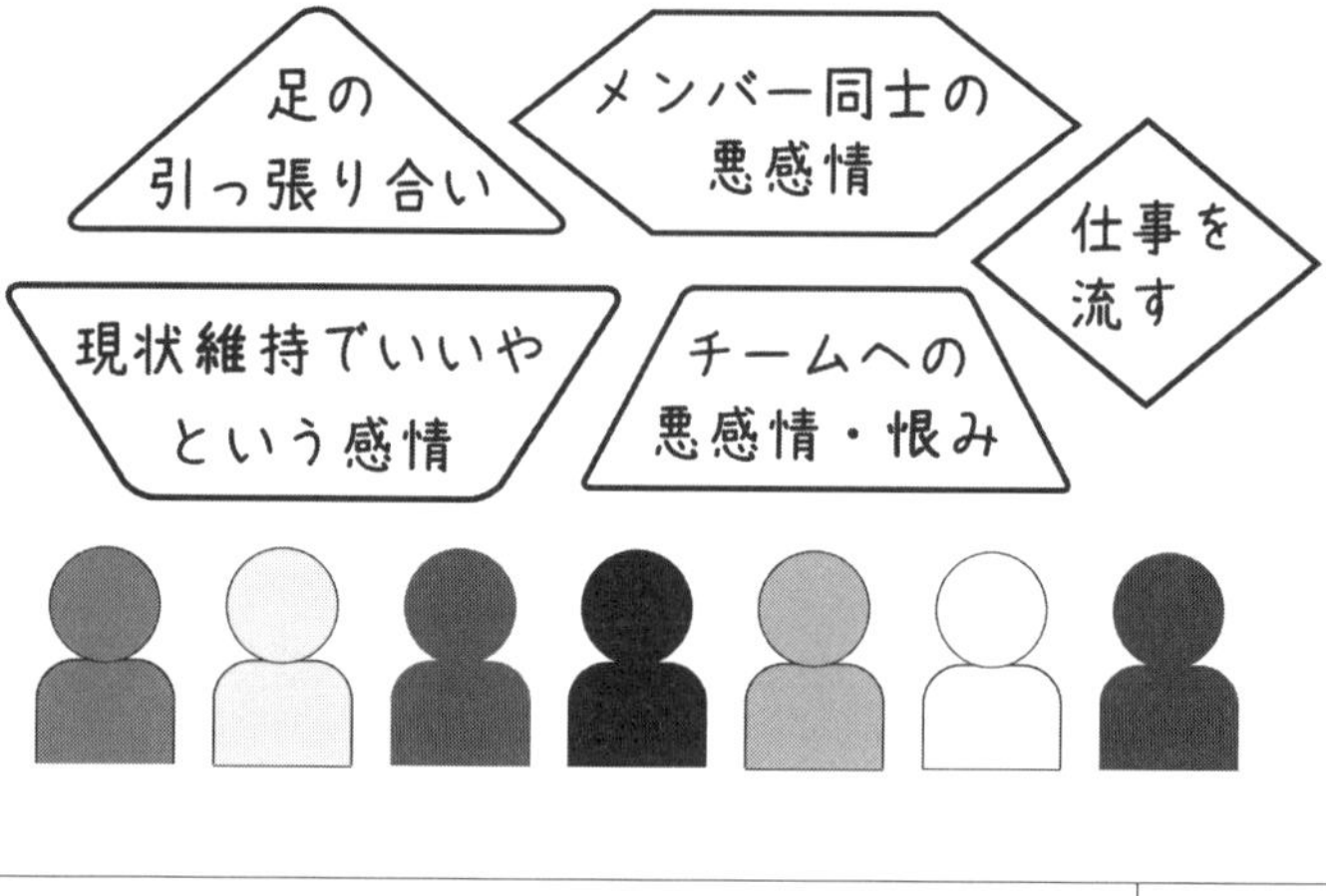

だろうが、人間である以上、負の感情が出てしまうのは仕方のないことだ。大目に見てあげてほしい。

では、チーム内に悪感情が渦巻いている状態から、いかにして空気を良くしていくか、そこにリーダーの真価が問われているだろう。

しかし、残念ながらポイントオブノーリターンも存在する。もうすでに悪化しきっていて、スタバに行こうが、河原で思いをぶつけ合おうが、もう初々しい気持ちには戻れない関係性が生じている場合は、チームとしての行く末をよく考えながら、メンバーの入れ替えをしなくてはいけない。

非情な決断だが、そこにいたるまでに何の手も打たなかったリーダーの責任でもあるので、まずは、そういった事態に陥らないようにしてほしい。

チーム内の空気が悪くなるにも、その段階がある。次ページの兆候があらわれたら、すぐ対処できるように、リーダーはチーム内の空気をよく観察することだ。

チーム内の空気が悪くなる兆候

レベル1

・リーダーの前での会話が少なくなる

リーダーに聞かせられない会話が増えるという意味である。リーダーがチームメンバーと一緒にいるとき、「自分しかしゃべってないな〜」、「みんな会話少ないな〜」と感じたら、兆候がすでに出ている証拠。

レベル2

・日報・月報がマンネリ

日報・月報を提出しているようなチームであれば、それをよく見てほしい。前と同じではないだろうか。業務内容の変化はあるが、それ以外の箇所がほとんど同じ。外回りの営業チームを束ねている場合、世情の微妙な変化やマーケティングについての意見などがあまり上がってこなくなる。チームの内情を気にして、あまり活発な意見交換をしたくないためだ。ルーティーンに仕事を流している状態。

レベル3
・メンバー同士がいがみあってる状態

メンバー編成をしたときに、まったく会話のない2人がいるとしたら、気をつけたい。いがみあってるレベルであれば、スタバに行けばなんとかなる。（第7講義参照）他のメンバーもいがみあってる2人に気を使って、チーム内に居づらい状況。きっかけはささいなことの場合が多いので、この段階でなんとかケアしたい。

レベル4（危険水域）
・チーム内でまったく会話がない状態

メンバー内で派閥ができて、仲が良いグループ同士が固まって、相手のグループがまったく仕事のことをわかっていないと、陰口を言い合う。もちろん、仕事をわかっていないということは少なくて、自分のグループのことを軽視していると思っているのが実情。

こういう状態のときに、スケープゴート（生贄）が生まれやすく、いじられやすい人間は、徹底的にいじられる。それは、この派閥同士がお互いをなじりあうと収拾がつかなくなるため、とりあえず気安くいじれるキャラを、いじり倒す。

チーム内全員のストレスが高い状態でもある。スケープゴート（生贄）に選ばれた人間は、全くかわいそうである。


リーダーは、レベル3やレベル4の段階で、私に相談してくることが多い。この段階であれば、まだ手の打ちようがある。まず、ここまで悪化させているなら、リーダーはチーム内の空気をいじってはいけない。悪感情を対症療法（チーム内でお互いの良い所を褒め合わせる、笑顔であいさつの強要など管理職セミナーで教えられている事柄）でなんとかできるレベルでは、すでにない。

リーダーが持たなければいけないのは勇気である。

とりあえず、チーム内の全員が顔を合わせる機会を作ろう。

場所は、飲み会のような席ではなく、あえての会議室だ。会議室がないような職場の場合は、レンタル会議スペースを借りて良いだろう。

そして、その会議に名前をつけよう。

「第1回　空気改善委員会」

「第1回　職場の雰囲気を良くしよう会」

「第1回　お互いがお互いの立場を話す会」

「第1回　明日の職場を考える会」


まあ、会議の名称は何でもいいということだ。

そこで全員を着席させた後で、あなたはこう切り出す。

「私たちのチームを良くしていきたいと思う。不満に思う点を挙げて欲しい」

え？　そんなことのために全員集めたの？

チームの面々は、きっとそう思うだろう。しかし、リーダーの本気具合も同時に知るのだ。

そして、こういう場合、必ず自ら口火を切るメンバーがいるから、その点は安心していい。（誰も口火が切られなければ、リーダーであるあなたはずっと黙っていること）

「リーダーは何が問題だと思っているんですか？」

「問題がわからないから、こうやってオープンに話し合おうと思っているんだ」

意地悪な質問もこうしてかわしていると、徐々に出始める不満な意見。（必ず出るから安心してほしい）

小さな違和感の数々。ひとつずつ、それを潰していく。不満のひとつずつは本当に小さなことなのだ。誰かが挨拶をいつもしないとか、送ったメールに対して返信がないとか、締め切りについて意識のズレがあるとか、それらの不満を1個ずつ潰していこう。

「どうすれば、その不満が解決するか？」

誰が悪いという犯人の吊るし上げではなく、やがて職場の環境を良くするために全員が協力する雰囲気ができ上がってくる。不満の2、3個を解決したら、その日はそれで終わろう。そして、第2回の会議の日程を決めて解散。

空気はすぐに変わるものではない。マイナスポイントをひとつずつ潰していくことで、初めてわかりあえることがある。感情のもつれをほどく、こうした作業がチーム内の空気を徐々に改善していく。

チームの空気をすぐに変える特効薬はない。空気は徐々に悪くなっていっていたはずだ。その途中の段階でそれに気づいたら、すぐに対処してほしい。少々おおげさに対処するのは、みんなの目を一時的にしろ、空気の問題に向けさせるためだ。空気の問題は、なかなか当事者の意識がそれに向かいづらく、ほっておくと悪くなるしかない。リーダーの努力で解決するのではなく、チーム内のメンバーひとりひとりの問題ととらえて、悪い感情を排除する手伝いをするスタンスでいい。

第17講義

慕ってくる部下をえこ贔屓しちゃう問題

えこ贔屓したら、
やっぱり
まずいんだろうか？

部下をえこ贔屓したことがないリーダーはいるだろうか？

いや、いない。

この2行で、見出しの問題に対しては、一定の解答を与えたが、多くのリーダーがえこ贔屓してしまうのは事実なのだから仕方ない。良いリーダーも悪いリーダーもこの点では同じだ。

しかし、多くのリーダーが自らに、**すべての部下に平等に接しなくてはいけない**と言い聞かせている現状を思うと、リーダーがまるで感情のないロボットでなくてはいけないと言っているようで、これでは誰もリーダーになりたくなくなってしまう。

やはり、孤独なリーダーほど理解者が欲しくなってしまうので、部下の方からリーダーに寄り添ってくれると、リーダーは簡単にガードをゆるめてその部下をえこ贔屓してしまう。

たとえば、**他の部下に比べてリアクションがいい**という理由だけで、サブリーダーなどに抜擢したくなる気持ちはよくわかる。しかし、慕ってくれる部下が必ずしも優秀というわけではない。人間は自分と同じような人間を好きになる傾向があるので、その点から考えても、自分と気が合うだけの人間をサブリーダーに起用すると、チーム内に不協和音が生じてしまう。（第8講義　陰と陽のリーダーシップ参照）

他の部下のことを考えてみよう。

他の部下はあなたのことをどう思うだろうか？

結論から言うと、自分が一番苦手にしている部下こそ、一番大事にするべきだろう。

自分とは性格の違うタイプの人間が部下にいると、リーダーの側がその部下に対して接することを遠慮してしまう。そうしてできた溝があるのにも関わらず、誰かをえこ贔屓すると、リーダー側の人間とそうではない人間という形で派閥ができ、チーム内に壁ができてしまう。

ここにAという部下がいたとしよう。（男・25歳）

彼はチームの輪に馴染めず、チームの外にいることが多かった。

飲み会の集合写真では端の方に座り、どことなくヨソヨソしかった。

仕事においては、リーダーの言うことはよく聞いてくれたが、同期にBという賑やかな部下がいるので、彼の影は薄かった。

Bはどちらかというと、自分に似たタイプでよく気が利くし、まだ一緒に仕事をしている時間は短いながらも、よくなついてくれる可愛い部下だ。

あなたは部下Bをきっと可愛がるだろう。

しかし、チームを考えた行動を取るなら、この部下Aにこそ時間を費やすべきだろう。チームの中心から外れている人をどれだけチーム内に取り込めるかで、そのリーダーの器が決まる。最初は迷惑がられるかもしれないがトライするのに臆してはいけない。以前、第5講義「コミュニケーションは量」で褒め言葉を使いまくれと言ったが、ここでは、それらを使う具体的なシチュエーションや言い方を取り上げる。

①業務外

「今日もよく頑張ってくれましたね。ありがとう。お疲れさま」

仕事終わりの意表を突くタイミングで送られてくるメールは、どんな人間の心も癒す。

②比較

「お前はちゃんとやってて偉いな。Bと違って」

あえてBをダシに使った声かけ。Bとの信頼関係があった上での褒め方。

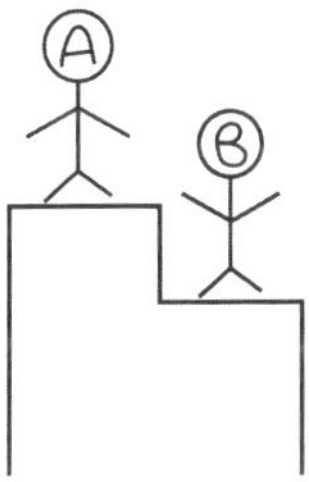

③羨望

「俺もAみたいになりたいわ。仕事ができて寡黙なんて最高やん」

やや上滑り感はあるが、言われた方はまんざらでもない。休憩中などにふと本音を漏らすみたいに使う。

④人づて

「最近、Aはすごいね」と伝えてと、別の部下に伝言を頼む

⑤抜擢

自分と性格の違う人間だからこそ、サブリーダーなどに抜擢をする。
他の部下には、その意図などを徹底して話しておくこと。

ここまで読んでくれてわかったと思うが、これは、**作為的なえこ贔屓である。**(女子に対して男性リーダーがこれをやると気持ち悪がられるので、なるべく同性相手に使うこと)

慕ってくる部下だけでなく、慕ってこない部下を可愛がる。つまり、それができれば、自然と部下全員を贔屓できるようになっている。慕ってくる部下を、あなたは無意識でも可愛がっているし、他の部下とのコミュニケーションにおいては、あなたは前よりも他の部下を褒めなくてはというバランス感覚が働く。自分と性格の違う部下をちゃんと丁寧に扱うことで、結果的に部下全員に対して、平等に接するという難題もクリアできているのだ。

リーダーといえども人間であるから、自分を慕ってくれる部下は可愛いものである。しかし、慕ってくれないからといって放っておいては、その部下とは一生わかり合えないだろう。リーダーは、その部下よりも先に好意を見せなければいけない。作為的なえこ贔屓は、誰にでも有効というわけではない。集団行動が苦手で、チームになかなか馴染めない部下に対して行うと、より効果的である。

第18講義

部下はどうやったら自主性を持つのか？

自分から
率先して仕事を
テキパキする
ようにしたい

リーダー論も後半を過ぎて、いよいよ核心にせまってきた。

リーダーが理想の環境を築くようになるまでは、あと一歩なので、もう少しついて来て欲しい。さて、以前までの講義では、理想のリーダー像について語ってきたが、逆にリーダーが求めている理想の部下というのは「自主性を持って仕事に取り組んで、こちらが何か指示を出さなくても、すでにやっている」という存在だ。

たとえば、リーダーが
「あ、そういえば、あの案件どうなった？フォローしてる？」

と思い出したように、部下に尋ねたとしても、

「はい、その案件は**もうやってあります**。その後のフォローも問題ありません」

このような受け答えができる部下ということだが、そんな部下はどこを探せばいるのだろうか？


断言するが、そんなダイヤモンドみたいな部下は落ちてはいない。やはり、リーダーの責任において、部下を磨いて育ててあげなければ、自主性を持って仕事に取り組むようになることは難しい。

なぜ難しいかというと、部下はリーダーと同じ目線では働いていないからだ。同じ目線であれば、次に何が必要か、何をやったら喜ばれるか、ということが自ずとわかってくる。しかしながら、同じ目線をいきなり部下に要求するのは酷だろう。給料も違う、責任感も違えば、仕事をする目的も違う。優秀であるかそうでないかは、この

場合あまり関係はない。

そして、人間というのは不思議なもので、同じ目線を他人も持っていると思いがちだから、部下に対して失望したり、がっかりするのだ。

私から言わせてもらえれば、部下に自主性を持たせたいというテーマは大きすぎるだろう。つまり、**ゴールが遠すぎるのだ。**

部下が自主性を持ってテキパキ仕事をやるようになるという目標は、（現状、今、部下たちが指示しないと動かない人間であるならば）、遥かなる目標である。

それでは、あなたが部下たちに自主性を持つように仕向けるためにやれることは、何もないのだろうか？

たとえば、**①部下に対して個人面談をして現状の認識と改善を促す②部下を集めて、全員に熱く語る③経験豊富な先輩リーダーに相談して善処策を探る、**という改善方法はあるが、部下たちの目線とリーダーの目線がかけ離れていると、いくらやっても徒労感に襲われるだけだろう。

部下の目線と
リーダーの目線のズレが生む
情熱の伝わらない状態

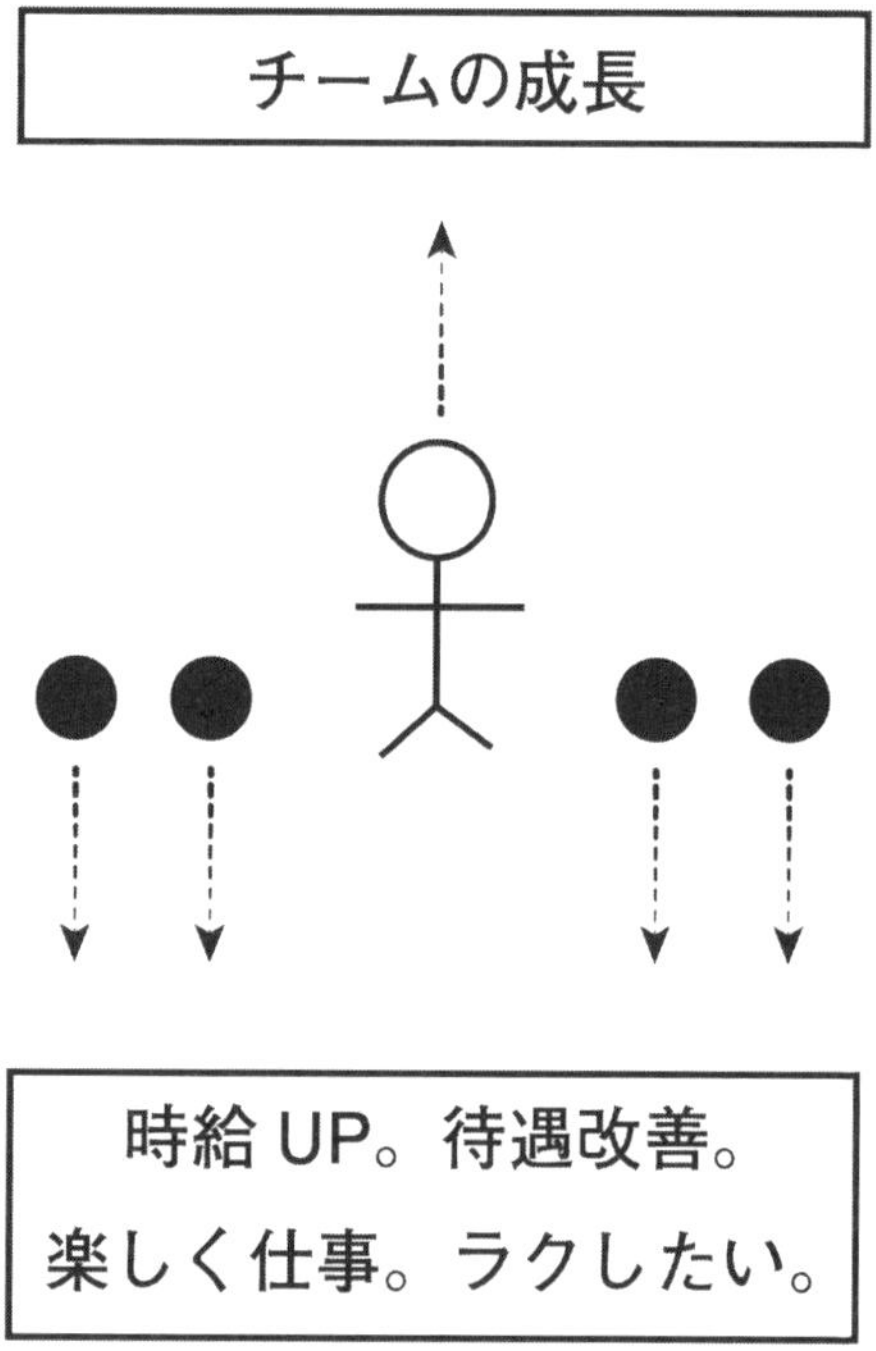

ここで、リーダーたちは理解してほしい。今はまだあなたの情熱が伝わらないと割り切ってほしい。

言うなれば、**一緒にマラソン走ろうよ！（気持ちいいよ）**とジョギングですら未経験の人間を前にして、熱くなっている状態なのだ。

理想のチーム像を持つことは簡単だが、一足飛びにその状態になるわけではない。

マラソンのような長距離走に挑むためには、長期的な計画と小さな段階を踏むことが大切である。

「じゃあ、今日からマラソンを走り切れるように練習を始めますね。最初は2キロくらいのジョギングからスタートですか？」

経験が未熟なリーダーは、そう言って笑顔での挨拶の励行や、全員での飲み会を企画する。だが、それはまだ早い。

左に、理想的な部下に対してのアプローチ方法を書いた。これを順番にこなしていってほしい。

チーム改革のためのステップ

第1段階　部下たちに純粋な関心を持つ

自分の希望を伝えるばかりではなく、部下たちの希望にも耳を傾けよう。

これからマラソンを走るとしたら、

Aさんがマラソンを走りたくなるような理由と、

Bさんがマラソンを走りたくなるような理由はまったく違うと思った方がいい。

それぞれの希望を叶えろ、ということではない。自分から走るようになるには、それぞれアドバイスの仕方が違うということだ。

どんな服が好きで、どんな趣味を持っているか、そして、リーダーが部下に関心を持っていることを部下本人にわからせてほしい。それが伝わらなければ意味がない。

部下に関心を持つことがスタートラインである。そうすれば、あなたの言うことにも次第に関心を持ってもらえるだろう。

第2段階　チームの習慣を何かひとつ変える

もしも、いっぺんに変えようとしたら、きっと部下たちは反抗するだろう。「ずっと前からこうなんですけど」といって、改革はその時点で終わってしまう。

最初に変えるのはひとつでいい。

たとえば、会議のやり方を変えるだけでもいい。今まで、リーダーが話すだけの会議を、部下の誰かに10分だけ時間を持たせて「その時間はどう使っても構わない。全員でゲームをやってもいい。条件は、チーム全員で共有できること」と任せてみるのも面白いかもしれない。

他にも、電話での伝言を伝えるルールを変えるという方法もある。誰かに可愛い付箋を買ってきてもらって、それをチームでの伝言専門の付箋にして、チームの雰囲気を明るく変えてみるというのもアリだろう。今までおざなりだった電話での伝言も、付箋を変えるだけでも気持ちは変わるものだ。

ここで気をつけてほしいのは、決して難しいことを要求してはいけない。部下たちが楽しく興味を持ってできることをチームの習慣に加えてみるというスタンスが正しい。

第3段階　結果を見せる

チームに小さな変化を起こしたら、部下たちにその結果を見せることを意識してもらいたい。しかし、付箋を変えたくらいで何か結果は出るのか？という疑問もあるだろう。

その場合、リーダーは殊更に主張してもらいたい。

「この付箋に変えて、ちゃんと伝言が伝わるようになった」

恥ずかしくても言ってほしい。リーダーの気持ちが伝わることが大事なのだ。その付箋を選んだ部下の気持ちも晴れやかになるだろう。

接客業であれば、礼の仕方を変えることを試してみたら、お客様の反応が変わることもある。それを部下本人に確認してほしい。「礼の仕方を変えてみて、お客さんの反応はどう?」そう言われて、部下たちはお客様の反応に対して、より注意深く観察するようになるだろう。言われたやり方だけじゃなくて、少しずつ自分なりにアレンジをするようになるかもしれない。自分がしていることに対して、反応が変わるということは面白いことなのだ。

第4段階　成功する喜びを作る

いよいよ最終段階である。小さくてもいいから、部下たちに成功する体験をさせてほしい。それが彼ら彼女らを大きく変えるきっかけになる。

第3段階で見せた結果について、部下自身が自分なりにアレンジを加える試行錯誤をし始めたら、それを見守ってほしい。決して無理強いしてはいけない。そして、ひょっとしたら、結果は目に見えづらいものかもしれない。その場合は、リーダーからその仕事に対する評価をちゃんと伝えてほしい。部下が求めているものは、結果そのものより、自分の仕事が周りに良い影響を及ぼしていると感じる気持ちだったりする。

このように段階を踏むことで、あなたのチームは少しずつだが変わっていくだろう。大切なのは、性急に変えようとしないことだ。

マラソンを走ると決めて、すぐに走りたがるリーダーには、まずジョギング用の靴を買いにいくことがファーストステップであることを知ってほしい。

テキパキ仕事を自主的にやる部下を持つというのは、ほとんどのリーダーにとっての夢である。しかしながら、そういう状態は、ゴールとして遠い。そのためには、まず今日すること、できるようになることの目標設定が必要だ。たとえば、昨日から仕事のやり方をひとつレベルアップする。2人でやっていたことを1人でできるようにする。そして、それがうまくいったら誉め称える。小さな成功体験を共有する。そして次の目標設計する。少しずつ階段を登るようにしか、人間は成長しない。

第19講義

モンスター部下に出会ったら問題

自分の手に余る部下に対して何ができるか？

ここまで私は、あえてこの問題は触れずにいた。しかし、どのような職場でもやはり扱いづらい部下というのはいるものだ。

・リーダーよりも社歴の長い部下

・アルバイトや部下たちにリーダーよりも受けがいい部下

・ある権限を握って離さない部下
・チーム内に派閥を作る部下
・いつもネガティブなことを言ってチームの士気を落とす部下

このような部下たちは、いつでもモンスター部下になってしまう危険性がある。ここでいうモンスター部下とは、「リーダーであるあなたの意見を尊重してくれない」存在のことである。

ここまで扱ってきた多くの問題は、リーダーであるあなたの意識変化や事象の見方を変えることでなんとかなってきたが、モンスター部下の問題は、リーダーの意識変化だけでは、対処するのは難しい。

自分で部下を採用をする場合であれば違うだろうが、すでにあるチームを引き継ぐ場合において、この難しい問題はよく起きる。

まず、リーダーは次の言葉を肝に銘じて欲しい。

自分ひとりで解決しようと思うな。

自分がリーダーになれば、なんとかなると思わないことだ。荒くれた工業高校に乗り込んで行って、とびきりの不良たちがいる特別クラスを担任して、**自分のやり方を押し通して、不良たちを更生させていくようなストーリー**を漫画としてよくみかけるが、往々にして返り討ちに合うのがオチだ。

多くのリーダーがそうして心を折って、現状を追認する形で落ち着いていく。そして、あなたが変えようとしても「何を言ってるんですか？」の一言で片付けられてしまうだろう。あなたは、モノが飛び交う教室で誰も授業を聞いてくれないことはわかっているのに、淡々と授業を続ける気弱な教師になりたいわけではないだろう。だから、そういう部下をあてがわれたときは、慎重な姿勢を崩さないでほしい。

それでは、どうすればいいか。ここからは私の経験に基づいた話をしよう。私は、既存の多くのチームにオブザーバーとして入っているが、一番大切にしているのは、ファーストミーティングだ。だいたいがチームリーダーから依頼を受けて、チームの問題を解決してほしいと言われて入るのだが、チームの部下たちは、問題があるとは思っていないので、「**誰やねん、このおっさん**」という視線を投げかけながら、ファーストミーティングを迎える。

①観察すること

チームの問題に直接メスを入れることもできるが、それを私はしない。リーダーによっては、自分が言えないことを私に言ってもらいたいという期待がある場合もあるが、それでチームが変わるかどうかは疑問だ。2回目以降に会ったときには、すでに反感を抱かれているので、心を閉ざされて余計に仕事がやりにくくなる。これは、この本を通じて言っていることだが、チームを変えるには時間がかかるのだ。モンスター部下がいる場合は、事前にリーダーから聞いている場合が多いので、注意深くその部下を観察することになる。

そして、私はミーティングが終わったあと、リーダーに伝える。

「もし、問題がある部下が特定できているのなら、彼（彼女）を観察し続けてほしい。

こういう問題は、デリケートだからあまり焦らないように」

さて、モンスター部下のどこを観察し続ければいいのだろうか？　それは次に示す4項目だ。

・チームの誰と仲が良いか
・皆がその部下のことをどう思っているか
・チームにどういう影響を及ぼしているか
・反対に彼（彼女）に影響を及ぼしている人間はいるか

これらの項目を注意深く見てほしい。新任のリーダーなら2〜3ヵ月、観察に費やしてもいいだろう。そして、チームを取り巻く状況と人間関係図を何となく把握するのだ。

そして、**誰の言うことなら聞くのか？**　というのを冷静に分析する。

じゃあ、その人に注意をしてもらえれば、解決かというとそこまで単純な話ではない。その人はあくまで協力者だ。解決はやはりリーダーがしなければいけない。

②関係性を築く

多くのリーダーたちはいきすぎた誤解をしている。もしも、部下が間違ったことをしていたら、それが誰であっても、どんな理由だろうと、間違いを正すべきだと。間違いは誰にでもあるし、それを正すのは確かにリーダーの役目だが、多くのリーダーは言い方までには考えが回らないようで、叱責することで関係性を壊してしまう場合もある。

まず、関係性を築かなければ、どれだけ正論を言っても伝わらないことだってある。そして、忘れないでほしいのは、観察しているのはリーダーだけではないことだ。リーダーは部下たちから、自分にとってプラスになるリーダーだろうか、マイナスになるリーダーだろうか、と観察されている。お互いが警戒心があるときに、何か事を起こしても、良い結果には結びつかないだろう。

③リーダーとして受け入れさせる

関係性を築いたら、自分の目的や目標を彼（彼女）に伝えよう。さきほど、選んだ協力者に協力をお願いしてもいいだろう。一般的に人が他人を信用するには1年かかると思っている。もしも、そのモンスター部下との付き合いが1年を過ぎている場合は、あなたが彼（彼女）との関係を築くのを敬遠しているのかもしれない。

関係性を築いた後に、リーダーとしての目的や目標を伝えると、驚くほどすんなりと受け入れてくれる場合もある。関係性の築き方は、これまでに伝えてきたやり方を応用してくれれば、問題ない。

①～③の流れは理解していただけただろうか。したたかで現実的なやり方だが、相手は生身の人間で、ドラマや漫画の世界ではうまくいくことがうまくいくとは限らない。

人間は関係性の中で生きており、それを無視しては、いくら正論を言っても通じないということがあるので、それを肝に銘じてほしい。

具体的で実践的なリーダーとしての人心掌握方法のひとつは、チーム内をよく観察すること。関係性を作らなければ、何を言っても伝わらないのは、これまでも伝えてきた通りだが、チーム内のメンバーが誰の言うことなら聞いて、どういう影響をそれぞれに与えているかを掌握するのは、とても大事なことである。いきなりやってきて、正論を伝えても、それを素直に聞けないのが人間というものだ。人によっては、こういうやり方を好まない人間がいるのはわかっているが、現実的な問題として、自分の親と同じくらいの年齢の人間を部下に持つ場合は、正論だけでなく、このように相手との関係性の構築に時間を割く努力が必要である。

第20講義

やる気があるのに仕事ができない部下の問題

リーダーが腹をくくるとき

これからの時代のリーダー論というのは、チームで仕事をするときに、どうしても出てくる問題（やる気が出ない部下がいる、和を乱そうとする部下がいる）を解決するために、部下を叱責するのではなく、リーダーと部下の間の緊張関係を和らげ、誤解を解きながら、部下に気持ちよく仕事をしてもらう手法のことである。

だから表題にあるように、「やる気のある部下」というのは、そもそも対象外でもあるのだが、やる気があるのに仕事ができない部下というのもやはり存在する。

どうだろうか？　あなたにも心あたりがあるのではないだろうか？

思い出すと同時に、きっといろいろな思いが溢れ出てきているのではないだろうか。今まで取り上げてきた部下とは違う、どこか複雑な感情だろう。

やる気がある分、指示をしやすいので仕事を任せてみるが、失敗の連続。そして、真剣に謝り反省するが、また同じことを繰り返す。

任せ方が悪かったのか、ストレスをかけすぎたのか、とリーダーの側も反省し、仕事のやらせ方を変えてみるが、やはり結果は同じ。

頭を抱えて、リーダーの側がやる気をなくしてしまうこともあるだろう。

ややこしい問題である。

ときには、我慢しきれなくなって声を荒げたこともあるのではないだろうか。

全く戦力として計算できないゆえに、他の人間に仕事のしわ寄せがいくようになったらまずいので、リーダーが代わりに、その部下の仕事を請け負ったりすることもある。

仕事ができないという致命的な問題がなければ、最高の部下なのに、そんな後悔とも愚痴ともつかない思いを抱くこともあるだろう。

そして、頭をもたげてくる、その部下をクビにするべきか、という問題。

当然、その部下を雇っている以上、人件費はかかっている。その部下が仕事ができれば何の問題もないのだが、向いていないのか、不器用なのか、仕事とその部下の相性は最悪なのだ。リーダーも手を尽くしたが、一向に改善の兆しも見えない。

考えてみれば、今までで最も悩ましいシチュエーションだ。

この問題について、リーダーにはひとつの考え方を提示したい。

もしも、失敗続きでも、部下がやめずに、また仕事を覚えようと向上心を捨てない場合は、ぜひ、クビを切るのは待ってほしい。たとえ、もう無理だと思っていたとしても。

これは私の経験だが、以前、私が飲食店を数店舗経営していたときに、野口くん（仮名）という部下がいた。もともと人当たりも良く、愛嬌もあったので、接客をしているときの野口君は、とても頼もしい部下だった。

彼と一緒に働いて何年か経った後、私は彼に店長を任せる決断をした。もう、そんな時期だろうとも思ったし、彼の前向きな姿勢ならば、未経験の店長業務も無理なくこなせるだろうとも判断したのだ。新しい仕事をすることで彼に成長をしてほしかった。

そして、始まった店長としての新しい仕事。既存店のひとつを任せたので、通常業務は今まで通り。そこは何の問題もなかったのだが、問題は会計処理であった。

店長としてとても大事な業務に数字の管理がある。その日、いくらでモノを仕入れて、どれくらいの売り上げが上がったのか、そしてアルバイトの人件費の管理。毎日の積み重ねのことなので、その数字の管理は馴れれば誰でもできる仕事だと思っていた。

仕入れ伝票とレジの売り上げを合計して、それぞれエクセル表に突っ込めば、何の問題もないはずだったが、なぜか野口君はこの数字の管理が大の苦手だった。いや、むしろほとんどできなかった。1日の売り上げが5000円というエクセル表をメールで送ってきたときは、「おいおい、少し考えればわかるやろ！」とパソコンに向かって叫んでいた。

毎日、私は野口君に対して「自覚が足りない」、「意識を変えろ」、「真剣にやれ」という厳しい言葉をぶつけていた。そんな状態が3ヵ月以上続いただろうか。日に日に、野口君の仕事に対しての意識は低下していった。

野口君はある日、私に大事な話があるので聞いてください、と言ってきた。

「すいません、僕には店長業務は無理です。お願いです。いっそのことクビにしてください」

私と野口君はふたりとも傷つき、疲れ果てていた。彼がそう言うのも仕方ないと思った。彼に店長を任せたのは判断ミスだったのだろうか、と私も思い悩んでいたのだ。一度仕事を任せた以上は私も叱責するだけではなく、励まし、ミスが少なくなる方法を教えながらやってきたが、もう限界かも、という言葉が頭をよぎっていたときだった。

しかし、私は、急にそれを自分で判断するのが急に怖くなった。

彼の同意があったうえで店長にしたとはいえ、野口君に対して、何も成長させられないまま、このまま辞めさせていいとは、どうしても思えなかった。

「わかった。それなら最後に聞くけど、お前、この仕事もう嫌になったんか？」

「いいえ、とんでもないです！　ただ、僕ができないばっかりに山川さんに迷惑ばかりかけている状況が申し訳なくて……」

「それなら、この仕事、まだやる気はあるんか？」

「はい！　でもミスはどうしても出てしまうんです。昔から数字は苦手で、気をつけてるつもりでも……」

この瞬間、私は、腹をくくった。

「それならいい。今のまま店長を続けてくれ。ただし、これからは俺もお前の横にべタつきで店長業務について、イチから教える」

「そんな、山川さん、ただでさえ、他の店も見なきゃいけないのに、そんな迷惑はかけられません」

「ええねん、そんなこと気にすんな。部下を指導することが一番優先してる仕事や」

そこから、毎日、野口君と私は一緒に行動をした。実際、店長業務については、最初の1週間を使って、みっちり叩き込んでいたと思い込んでいたが、正直それは私がそうしたと思っただけで、彼からしてみたら、横で仕事の流れを教えられただけという印象だったようだ。

「ええか。まず仕入れ伝票を値段の安い方から並べる。そして、この右上に書いてある数字をひとつずつ電卓で足していく」

「はい、やってみます！」

横で見ていると、彼がどうして計算ミスをするのかわかった。

「待て待て、野口。ええか。どうして伝票のカドを揃えるかわかるか？」

「いえ」

「カドを揃えると、数字が全部この位置にくる。だから、伝票を一枚一枚わざわざ片手で取り上げて持つ必要はない。机の上に置いたままでも上の伝票をずらすだけで、次の伝票の数字がわかる」

「なるほど！　わかりました！」

すべてがこの調子だった。彼がやっている行動の矛盾や無駄を一個ずつ整理していくと、仕事の流れはずいぶんスムーズになった。

私が常識だと思ってやっていたことは、決してすべての人にとって常識ではないと気づいたのもこのときだ。

そして、自分の常識をちゃんと言葉と行動で伝えることの大切さにも気づいた。


「野口、こないだ指摘したミスをなんでまたやったんだ！　ちゃんと聞いてたか？」

「はい……すいませんでした！」

「お前はいつも返事だけはいいな。だけど、いいか。数字のミスは飲食店経営にとって命取りになる。現金商売だからキャッシュフローを気にしないでやっていると、実は赤字だったということも………、おい、野口聞いてるのか？」

部下に大事なことを伝えるときはタイミングが大事ということも、再確認させられた。

私はある日、特別に時間をとって、会計のミスによってお店の経営が危機になることを、実際の数字を使って教えた。

「ありがとうございます。お金のことは、今までも大事なことだと思ってたんですけど。心のどこかでお客さんが来て満足してくれたらそれでいいんや、と思ってたところがありました。でも、今、ハッキリとわかりました」


ひとつずつ、業務をみっちり教えていくと、野口君は、もともと飲み込みが良い方だったので、だんだんと業務をこなせるようになってきた。だが、それでも期待するレベルはまだ遥か先だった。

私は、そんな気持ちを押し隠して、野口君に
「とりあえず、今月は伝票の整理を完璧にこなせるようになろう。そのために伝票用のファイルを買ってきな」

と伝えた。私は人間が成長するには、その人のペースがあり、一足飛びにやらせたとしても、後で必ずミスをすると数多くの経験の中で学んだ。だから、ゆっくりでも部下が成長してくれればいいと思えるようになっていた。

そして、それは同時にリーダーとしての自分の成長を実感する毎日だった。感情的

に怒っても何もならない。現状、目の前には処理しきれない仕事が山のようにあり、それをどうすれば野口君ができるようになるか、頭を悩ます毎日だった。

そして、1年を過ぎる頃、野口君は立派な店長に成長していた。客受けの良い性格を生かして、繁盛店を切り盛りできるようになっていた。

私は、この一連の出来事から多くを学んだ。リーダーとしての自覚や、責任というものも再度認識させられた。もしも、野口君が辞めると言ってきたとき、そちらの方が気が楽だと思って、さっさと辞めさせていたら、私のその後の成長もなかっただろう。部下はリーダーから仕事について学ぶが、リーダーもまた部下から学ぶことは多いのだ。それは上下の関係ではなく、横並びの関係に近い。それは「はじめに」で伝えた理想の関係性だ。

最後に、リーダーを努める多くの人に伝えたい。

リーダーとなったからには、人間について悩み続ける覚悟を持ってほしい。思い通りにならない部下に対して、気に食わない、ムカつく、そんな感情を抱えるのは人間だから当たり前だ。しかし、あなたについてる部下のことは心から信頼してほしい。結局のところ、部下を信頼しないというリーダーは、裏切られるのが怖いのだと思う。突然、辞めるといったり、反抗したり、自分がかけた愛情に比例して部下から慕われるべきなのに、現実がそうでなかったときの虚しさは痛い程わかるつもりだ。しかし、それでも部下を信頼してほしい。あなたが部下を信頼しなかったら、あなたのことを本当に信頼してついてきてくれる部下に対して同じ思いを抱かせることになる。

チームがうまく機能し、チームに所属する全員が幸せになるために「これからのリーダー論」はある。

部下に対しての理解が進まなければ、わからない問題はたくさんある。多くのリーダーがそれをおざなりにして、自分や仕事に対しての理解ばかりを部下に要求する。しかし、そういった姿勢では、いつまでたっても問題は解決しない。部下の立ち位置まで降りて、一緒に仕事をして問題の原因を解明し、それを一緒に解決する道筋を示すことがリーダーには求められている。リーダーであるあなたの仕事は、チームを動かして仕事を完遂することだけではなく、部下たちを成長させることも含まれていることを忘れてはいけない。

これからの時代のリーダーに伝えたいこと

私は23歳の時に兵庫県郊外のカラオケも歌える居酒屋というコンセプト（その当時はたぶんオシャレ⁉）の所で働き始めました。お店では、それまで見たことが無い刃の長い包丁（牛刀）で仕込みをしろ、などと無茶な命令され、当然、うまく使えるはずもなく、毎日自分の手を何度も切りながら、先輩に「何やっとんねん、ちゃんとやれ！」とキャベツを投げられたり、突然怒鳴られる環境でした。

ついでに、その店は酒で酔ったお客同士のケンカやトラブルが絶えない、ほとんどが、上下ナイロン素材のジャージを着た地元のヤンキーが夜な夜な集う激しい店でした。

飲食店で本格的に働くのは初めてだし世間知らずだった私は27歳まで飲食店とはそんなものなのかな……なかなかスリルのある仕事だな、と自分なりに前向きに捉え経験を積みながら、キッチンスタッフから店長と経験しました。色々と酒場のトラブルにも巻き込まれましたが、お客さんや仲間にも恵まれ飲食店で働くことの楽しさを学んだ4年間でした。

その後、根拠のない自信のもと、めでたく独立しましたが、数店舗展開するものの資金繰りに困り、サラ金にて高金利でお金を借り、自転車操業ならぬマイナス操業の日々。原価を抑える為にトラックで野菜や食材を地域で一番安いといわれる東大阪のスーパーまで仕入れに行き、各店に食材を運ぶ日々が2年続きました。

夢を持って決意した独立。スタートから撃沈、給料や環境整備でスタッフの意識も上げることも出来ない、今、チームの皆が辞めれば、新たな採用費も捻出出来るはずもないので辞められては大問題でした。

そんな中で、仲間がやりがいを見出し、メンバーが離脱しないアプローチ方法を工夫し繰り返し実践し積み上げてきたものが「これからの時代のリーダー論」の基盤になっていると思います。その後、商売も順調に発展していき、人材の大切さにあらためて気づかされる場面にも多く遭遇しました。

現在はその経験を基に、数店舗から数百店舗を運営する会社の経営サポートやチームコーチングを行い、各企業のチーム作りのお手伝いをしています。

その日々の活動の中で、ふたつ確信したことがあります。

ひとつは、経験値が豊富であり現場第一線で活躍されてきた方でも、過去に正しいと思い込んできたリーダーシップと同じパターンでは人は育たないということです。

笑顔を作れ！　部下を育成しろ！　自分で考えろ！　と指示や命令は出すことはできますが残念ながら、年代も考え方も違うチームを具体的に導き、本来イメージする最高のチームを構築していく手法を正しく指導出来ている幹部はごく一部だと思います。

「名選手必ずしも名監督ならず」

という言葉が当てはまるかもしれません。

もうひとつは、私が出会ったリーダーのほとんどが、その様な悩みを抱え悪戦苦闘しながらもどうにか部下を良い方向に導きたいという情熱を持っているという事実です。

せっかく愛情深くチームを導きたいと思っているのに、それが部下に伝わらないジレンマに多くのリーダーたちが苦しんでいました。

私はそんなリーダーたちの悩みに寄り添う中で、リーダーが部下への新たなアプローチ方法や考え方を習得し、チームの問題がクリアしていく様子を間近で見てきました。そうして、リーダーと部下の間の溝が埋まり、共に成長していく姿を見れることは最高の喜びです。

今後、優秀な人材の確保は以前にも増して難しくなると思います。ひとつのチームを維持していくにも、気苦労が絶えません。

どれだけリーダーに良いコンテンツやお金、知識や知恵、体力があっても、それを世に広げ沢山の感動を創り出すには、人が育ち、チームが育たなければ絵に書いた餅。ひとりでは何も達成出来ないことに気づいて、チーム作りを根本から見直すための、この本が良いきっかけになれば嬉しいです。

この本では普通の「リーダー本」では書かないような細かいことや些末なことを沢山書きました。立派な名言を集めて、リーダーの心得を説いたとしても、実際のチームの現場で起きる問題の9割は人間関係のこじれから起きる些細なことです。人間関係のこじれをほどくだけで、チームはこんなにうまくいく、ということを読者であるあなたに感じとってもらえれば幸いです。

最後に、これからの時代のリーダーにお伝えしたいことは、

「結局、人です」

それが真髄です。

謝辞

これからの時代のリーダー論を読んで頂き本当に有難うございました。
最後に、本書執筆にあたり、時間を割いて協力頂いた協力企業の皆様、社内スタッフのみんなありがとうございました。そして、私に寄添いチームを引っ張り最高のリーダーシップを発揮してくれました編集の永井肇さん、チームサポートに徹してくれた大川美帆さん、チームビジョン設定と計画頭脳役の市川聡さん、チームアクションプランを実行してくれた川畑陽さん、そしてチームサンクチュアリの皆様。最高のチームでのプロジェクトでした。心より感謝致します。

山川博史

ブックデザイン──名和田耕平デザイン事務所
イラストレーション──花くまゆうさく
企画編集──永井 肇
担当営業──市川 聡　川畑 陽
制　作──小林容美
編集アシスタント──大川美帆
本文イラスト──本田恵理
資　材──齋藤浩之（中庄株式会社）
印　刷──前田 渉（株式会社シナノパブリッシングプレス）

これからの時代のリーダー論
今、なぜ部下はあなたに心を開かないのか？

2014年9月15日　第1刷発行

著者　山川博史

発行者　鶴巻謙介
発行所　サンクチュアリ出版
〒151-0051　東京都渋谷区千駄ヶ谷2-38-1
TEL 03-5775-5192　FAX 03-5775-5193
印刷所　株式会社シナノパブリッシングプレス
http://www.sanctuarybooks.jp　info@sanctuarybooks.jp

PRINTED IN JAPAN　ISBN 978-4801400078
落丁本・乱丁本は送料小社負担にてお取り替えいたします。